중학교 영어로 공부하는

영어 표현 &
하루 한 장 영문법

중학교 영어로 공부하는

영어 표현 &
하루 한장 영문법

초판 인쇄일 2025년 2월 7일   초판 발행일 2025년 2월 14일

지은이 김수린   발행인 박정모   신고번호 제 9-295호
발행처 도서출판 혜지원   주소 (10881) 경기도 파주시 회동길 445-4(문발동 638) 302호
전화 031)955-9221~5   팩스 031)955-9220
홈페이지 www.hyejiwon.co.kr   인스타그램 @hyejiwonbooks

기획·진행 김태호   디자인 김보리, 유나나   영업마케팅 김준범, 서지영
ISBN 979-11-6764-080-2   정가 15,000원

중학교 영어로 공부하는

영어 표현 &
하루 한 장 영문법

김수린 지음

혜지원

머리말

패턴 영어의 힘

중학교 1학년 담임을 맡았던 어느 해였습니다. 한 어머님과 학부모 상담을 마치면서, "어머님, 마지막으로 부탁하고 싶은 것이 있으신가요?"라고 물었습니다.

"선생님, 개인적인 질문인데요. 영어 공부, 어떻게 해야 할까요?"

"영어 공부요?"

"네, 제가 영어를 좀 하고 싶어서요. 아이의 영어를 좀 봐 주고 싶은데 어떻게 공부해야 할지 모르겠어요."

고등학생 자녀를 둔 지인에게 어느 날 전화가 왔습니다. 자녀가 영어를 너무 힘들어한다고 말이죠. 단어가 기본인 것 같아 외우게 했는데 해석도 잘 못해서 어디서부터 어떻게 시작해야 할지 막막하다고 말이죠. 학원에 보내려고 했더니 고등학생에게 기초 수준부터 차근차근 가르치는 학원은 찾기 힘들다고 했습니다.

또 한 번은 이웃들과 함께하는 영어 원서 읽기 모임에서 영어책은 읽고 있지만 실제로 간단한 문장을 내뱉기가 힘들다고 하소연하는 분들이 있었습니다. 영어로 된 글은 읽고 이해하는데 막상 입은 떼지지 않는다고 말이죠. 간단한 문장이나 표현을 정확하게 말하고 싶은데 어떻게 시작해야 할지 모르겠다고요.

저는 고민하는 문제와 상황이 전혀 다른 세 분에게 같은 교재를 추천했는데요. 바로 '중학교 영어 교과서'입니다. 그 이유는 바로 영어 교과서는 '패턴'과 상황에 맞는 영어 표현으로 구성되어 있기 때문입니다.

중학교 영어 교과서에는 단원마다 중요 표현이 있습니다. '패턴(pattern)'이라고 하는데요, '일정한 모양'이라는 뜻이죠. 일정한 모양을 기본으로 하고, 거기에 여러분이 필요한 단어를 바꾸거나 덧붙이면서 문장을 만들어 나가는 것을 패턴 영어라고 합니다. 영어 문장의 모양, 즉 패턴을 익히면 영어가 어렵지만은 않아요. 왜 그럴까요?

먼저, 영어 구조를 자연스럽게 배울 수 있습니다. 영어 패턴을 반복하면 문장을 만드는 데 기본적인 구조와 표현을 나도 모르게 저절로 익힐 수 있어요. 영어는 한국어와 구조가 달라서 어렵다고 합니다. 하지만 기본적인 패턴을 알면 자연스럽게 감각이 생겨서 유창하게 영어를 할 수 있어요. 정해진 패턴을 이용해서 여러분의 이야기를 영어로 자유롭게 할 수 있다니 설레지 않나요?

둘째, 패턴만 알아도 문법에 대한 이해가 저절로 생깁니다. 패턴은 바로 문법에 기초해서 만들어진 덩어리거든요. 정확하게 문법을 공부하지 않아도 패턴을 여러 번 반복하면 문법 규칙과 사용법을 자연스럽게 익힐 수 있어요. 이를 다른 상황에 응용할 수도 있지요. 문법 규칙을 알게 되니 당연히 영어로 말하거나 쓰는 데 자신감이 생깁니다.

마지막으로 영어 전반에 자신감이 생겨요. 패턴을 익혀 두면 상황에 맞는 표현을 사용할 수 있습니다. 여러 번 읽고 사용하면 그 상황이 되었을 때 여러분도 모르게 입에서 나오는 것을 경험할 수 있을 거예요. 말하기와 쓰기뿐 아니라 듣기, 읽기에서도 익혔던 패턴이 나오기 때문에 영어 전반에 대한 자신감이 생길 것입니다.

이 책은 중학교 1학년부터 3학년 교과서에 나와 있는 영어 패턴을 담았습니다. 막연하게 알고 있던 말이나 문법을 정확하게 알 수 있게 설명도 덧붙였습니다. 영어 공부를 하는 초등학생, 중학생이 보기에도 좋고 성인들이 봐도 좋답니다. 자, 그러면 중학교 영어 핵심 패턴, 시작해 볼까요?

저자 김수린

이 책의 활용법

중학교 영어 교과서는 학년마다 8개의 단원으로 구성되어 있어요. 그리고 단원마다 4~5개의 패턴이 있고요. 모든 패턴을 제대로 익힌다면 1학년부터 3학년까지 100개 정도의 패턴을 익힐 수 있는 셈이죠. 이 책은 교과서에서 만날 수 있는 패턴을 활용한 100개의 대표 문장으로 구성되어 있어요.

이 책은 5개의 단원으로 구성되어 있어요. 예외도 있지만 대개 1, 2단원은 중학교 1학년, 3, 4단원은 2학년, 4단원과 5단원은 3학년 교과서에 나오는 패턴으로 준비했어요. 문법에 따라 1학년 교과서에 나오는 표현이 뒤에 나오는 것도 있지만 대부분 학년별로 교과서에 나오는 순서를 지키려고 했답니다.

각 단원에서는 총 20개의 대표 문장을 배워요. 대표 문장과 함께 다음과 같은 내용을 한 번에 익힐 수 있답니다.

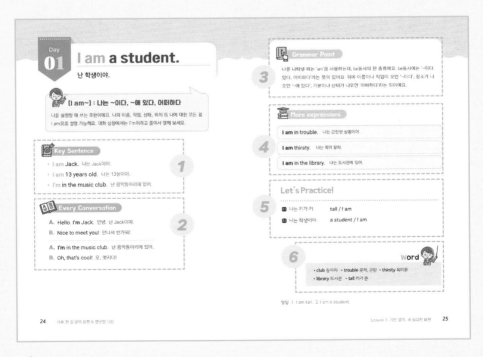

1 Key Sentence

대표 문장에 있는 패턴을 활용한 예문을 배워요.

2 Every Conversation

대화 속에서 실제 예문이 사용되는 상황을 살펴봐요.

3 Grammar Point

패턴에 담긴 문법이나 비슷한 표현을 복습해요.

4 More Expressions

패턴을 응용한 다른 예문을 살펴봐요.

5 Let's Practice

패턴을 활용하여 자신만의 문장을 만들어 봐요.

6 Word

중학교 교과서에 나오는 필수 단어를 익혀요.

Review!

5개 패턴을 익히고 난 뒤에 다시 한번 한꺼번에 익혀 보는 시간입니다. 처음에는 하단의 답지나 앞 단원을 펼쳐보지 말고, 우리말만 보고 영어로 말해 보세요. 그리고 답지를 보며 틀린 부분이 있다면 해당 단원으로 돌아가 복습해요. 그러면 잊어버리지 않고 정확하게 익힐 수 있을 거예요.

More Tips!

5개 문장이 끝날 때마다 영어 학습 과정에서 알아야 할 문법이나 내용을 소개했어요.

Study Plan!

영어는 매일 빠뜨리지 않고 조금씩이라도 익히는 것이 중요해요. 매일 한 패턴씩 익히고, 5개를 마치면 한꺼번에 점검을 해보세요. 다 잊어버려도 괜찮아요. 다시 시작하면 되니까요. 중요한 것은 쉬지 않고 계속해서 나아가는 거예요. 계획표를 활용해서 매일 조금씩 영어 표현을 익혀 볼까요?

Schedule

	1	2	3	4	5	1-5 review
Lesson 1						
	6	7	8	9	10	6-10 review
	11	12	13	14	15	11-15 review
	16	17	18	19	20	16-20 review
Lesson 2	21	22	23	24	25	21-25 review
	26	27	28	29	30	26-30 review
	31	32	33	34	35	31-35 review
	36	37	38	39	40	36-40 review

Lesson 3	41	42	43	44	45	41–45 review
	46	47	48	49	50	46–50 review
	51	52	53	54	55	51–55 review
	56	57	58	59	60	56–60 review
Lesson 4	61	62	63	64	65	61–65 review
	66	67	68	69	70	66–70 review
	71	72	73	74	75	71–75 review
	76	77	78	79	80	76–80 review
Lesson 5	81	82	83	84	85	81–85 review
	86	87	88	89	90	86–90 review
	91	92	93	94	95	91–95 review
	96	97	98	99	100	96–100 review

영어가 어렵게 느껴지는 이유 중 하나가 바로 문법을 설명하는 용어 때문입니다. 용어를 제대로 알면 훨씬 영어가 친숙해질 거예요. 본격적으로 문장을 익히기 전에 먼저 문법에 필요한 용어를 알아보아요.

❶ 〈품사(Part of Speech)〉

품사는 공통된 성질을 지닌 단어의 갈래를 말해요. 영어는 크게 8개 갈래로 나눠요.

1. 명사(Noun) : 사물이나 사람의 이름, 추상적인 대상의 이름을 나타내는 말

> 학교(school), 학생(student), 여름(summer), 시간(time) 등

2. 대명사(Pronoun) : 명사를 대신하여 나타내는 말

> 너/너희(you), 그(he), 그녀(she), 나의 것(mine), 그것들(their) 등

3. 동사(Verb): 사물이나 사람의 동작, 상태를 나타내는 말

> ~이다(am/are/is), 가다(go), 걷다(walk), 말하다(speak), 자다(sleep) 등

4. 형용사(Adjective) : 명사의 성질이나 상태를 나타내는 말

> 예쁜(pretty), 추운(cold), 맛있는(tasty), 피곤한(tired), 중요한(important) 등

5. 부사(Adverb) : 동사, 형용사, 부사 또는 문장 전체를 꾸며 주어 그 뜻을 분명하게 나타내는 말

> 매우(very), 잘(well), 곧(soon), 빨리(quickly), 느리게(slowly) 등

6. **전치사(Preposition)** : 명사나 대명사 앞에 놓여 다른 명사나 대명사와의 관계를 나타내는 말

   ~위에(on), ~안에(in), ~에(at), ~아래에(under), ~옆에(beside) 등

7. **접속사(Conjunction)** : 단어와 단어, 문장과 문장을 연결해 주는 말

   그리고(and), 그러나(but), 그래서(so), 또는(or), 왜냐하면(because) 등

8. **감탄사(Interjection)** : 놀람, 슬픔, 기쁨 등 감정을 나타내는 말

   와우!(wow! 놀람이나 감탄할 때 내는 소리), 아야!(ouch! 갑자기 아파서 내지르는 소리)

   만세!(hooray! 즐거움이나 찬성할 때 내는 소리) 등

2 〈문장 성분(Sentence Components)〉

문장 성분이란 문장을 이루는 구성 요소예요. 하나의 문장을 구성하기 위해 반드시 들어가야 할 성분이 있답니다. 단어의 위치에 따라 성분이 달라지므로 성분의 위치와 역할을 잘 알아두어야 해요.

1. **주어(Subject)** : 문장에서 행동이나 상태의 주인공이 되는 말로 주로 명사와 대명사가 담당해요.

2. **동사(Verb)** : 주어가 '무엇을 하는지' 설명해주는 말입니다. 8개 품사 중 동사만 그 역할을 할 수 있어요. 주어 다음에 바로 나와요.

3. **목적어(Object)** : 동사가 나타내는 동작의 대상이 되는 말로 명사나 대명사가 담당해요.

4. 보어(Complement) : 주어나 목적어를 보충해서 설명해주는 말로 명사, 대명사, 형용사가 담당해요.

여기서 잠깐! 품사와 성분이 여전히 헷갈리나요? 명사와 대명사가 주어가 되었다가 목적어도 되고, 보어까지 된다고 하니 정체가 혼란스러울 수 있어요.

예를 들어 볼게요. 'Andy'라는 학생이 있어요. 학교에서, 집에서, 친구들 사이에서도 'Andy'는 'Andy'라고 불리지요. 그런데 Andy는 장소와 상황에 따라 다른 역할이 있어요. 학교에서는 학생, 집에서는 아들, 친구들 사이에서는 친구 역할을 하지요. 'Andy' 자체는 품사, 그리고 상황에 따라 달라지는 학생, 아들, 친구와 같은 역할은 성분이라고 할 수 있어요.

Andy – 명사
Andy is a student. Andy는 학생이다. – 주어 역할
I like **Andy.** 나는 Andy를 좋아한다. – 목적어 역할
His name is **Andy.** 그의 이름은 Andy이다. – 보어 역할

③ 〈문장 요소(Sentence Units)〉

영어는 단어(word)가 모여 구(phrase), 절(clause), 문장(sentence)이 돼요.

단어 : go(가다)
  – 하나의 단어

구 : to Busan(부산으로, 부산에)
  – 두 개 이상의 단어, 그러나 주어와 동사는 없어요.

절 : the book I read(내가 읽은 책)
  – 두 개 이상의 단어로 이루어져 있고 주어(I)와 동사(read)가 있어요.

문장 : He wants the book I read.(그는 내가 읽는 책을 원한다.)
  – 주어, 동사가 있고, 정보를 전달하는 '말'이 되며, 문장 부호(. 마침표)가 있어요.

  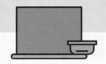

Lesson 1 기본 영어, 꼭 필요한 표현

Lesson 2 일상 영어, 기본이 탄탄해지는 표현

Lesson 3 진짜 영어, 제대로 써야 하는 표현

Lesson 4 실제 영어, 풍부하게 말할 수 있는 표현

Lesson 5 실전 영어, 영어답게, 더 유창하게
활용할 수 있는 표현

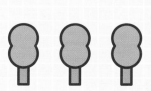

Lesson 1

기본 영어, 꼭 필요한 표현

중학교 영어 교과서 제일 처음에 나오는 주제는 무엇일까요? 바로 '자신을 소개하고, 상대방에 관해 물어보기'입니다. 영어로 여러분의 이름, 상황을 말하고, 또 상대방의 이름과 상황을 물어보는 것이죠. 이런 표현을 사용하기 위해서 가장 중요한 것은 바로 be동사입니다. 이번 단원에서는 be동사의 다양한 쓰임과 상황을 배워 봐요.

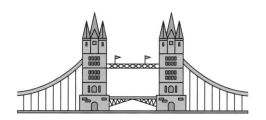

소리 내어 읽기의 힘

영어 문장은 반드시 소리 내어 읽어야 해요. 소리 내어 읽을 때 우리의 뇌가
가장 활발하게 활동하거든요. 마음속으로 읽는 것보다 기억력이 20%가량 더
높게 나타난다는 실험 결과도 있어요. 물론 소리를 내어 읽으면 눈으로 읽는 것
보다 훨씬 시간이 오래 걸리고 입이 아프기도 해요. 하지만 직접 여러분의 입
으로 소리를 내고 동시에 귀로 들어야지 발음은 물론 내용을 이해하는 데 도움
이 돼요. 여러분의 흥미와 자신감도 생기고요.
자, 오늘부터 소리 내어 문장을 읽으면서 중학교 영어 표현을 공부해 봐요.

Day
01

I am **a student.**

난 학생이야.

[I am~] : 나는 ~이다, ~에 있다, 어떠하다

나를 설명할 때 쓰는 표현이에요. 나의 이름, 직업, 상태, 위치 등 나에 대한 모든 걸
I am으로 설명 가능해요. 대화 상황에서는 I'm이라고 줄여서 말해 보세요.

- **I am** Jack. 나는 Jack이야.
- **I am** 13 years old. 나는 13살이야.
- **I'm** in the music club. 난 음악동아리에 있어.

 Every Conversation

A. Hello. **I'm** Jack. 안녕. 난 Jack이야.

B. Nice to meet you! 만나서 반가워!

A. **I'm** in the music club. 난 음악동아리에 있어.

B. Oh, that's cool! 오, 멋지다!

Grammar Point

나를 나타낼 때는 'am'을 사용하는데, be동사의 한 종류예요. be동사에는 '~이다, 있다, 어떠하다'라는 뜻이 있어요. 뒤에 이름이나 직업이 오면 '~이다', 장소가 나오면 '~에 있다', 기분이나 상태가 나오면 '어떠하다'라는 의미예요.

More expressions

I am in trouble.   나는 곤란한 상황이야.

I am thirsty.   나는 목이 말라.

I am in the library.   나는 도서관에 있어.

Let's Practice!

01 나는 키가 커.   *tall / I am*

02 나는 학생이야.   *a student / I am*

Word

- **club** 동아리   • **trouble** 문제, 곤란   • **thirsty** 목마른
- **library** 도서관   • **tall** 키가 큰

정답 1. I am tall.   2. I am a student.

Day
02

It is Friday.

금요일이야.

[It is~] : 그것은 ~이다, ~에 있다, 어떠하다

눈앞에 있는 사물을 설명할 때 사용하는 표현이에요. 하지만 사물 외에 날씨, 요일, 월, 시간, 거리를 말할 때도 많이 사용해요. 이럴 때는 '그것은 더워', '그것은 월요일이야'라고 해석하지 않고 '더워', '월요일이야'라고 해석해요. 실제 대화 상황에서는 it's라고 줄여서 말해 보세요. 숫자(47p), 요일(59p)을 익혀서 같이 말해 봐요.

Key Sentence

- It is **10 o'clock.** 10시야.
- It is **summer.** 여름이야.
- It is **time for dinner.** 식사 시간이야.

Every Conversation

A. **It's** 10 o'clock. 10시야.
B. Oh, I'm late. 오, 나 늦었어.

A. **It's** time for dinner. 식사 시간이야.
B. **It's** already evening. 벌써 저녁이네.

Grammar Point

It's와 비슷하게 생긴 Its도 있어요. 작은따옴표처럼 생긴 기호가 하나 있을 뿐인데, 그 차이는 아주 크답니다. It's는 It is의 줄임말로 '(그것은) ~이다'라는 뜻이에요. 한편 '(아포스트로피)가 없는 its는 '그것의'라는 의미예요. 발음은 같지만, 뜻이 전혀 달라요. 특히 글을 쓸 때 주의해야 해요.

More expressions

It's my book. 그것은 내 책이야.

Its key is in the room. 그것의 열쇠는 방에 있어.

Let's Practice!

01 수요일이야.   *Wednesday / it is*

02 자러 갈 시간이야.   *it is / to go to bed / time*

Word

> • **time** 시간 • **dinner** 식사 • **already** 벌써, 이미 • **late** 늦은
> • **room** 방 • **break** 휴식, 쉬는 시간 • **go to bed** 자러 가다

정답 1. It is Wednesday. 2. It is time to go to bed.

That is **a good idea.**

좋은 생각이야.

[That is~] : 저것은 ~이다, ~에 있다, 어떠하다

멀리 떨어져 있는 것을 가리킬 때 써요. 단순히 사물을 가리킬 때도 쓰지만 조금 전 상대방이 말한, 또는 대화로 나눈 '그 내용'을 가리키기도 해요. 그래서 상대방의 말에 대해 자기 생각을 표현할 때도 사용해요. That's로 줄여서 말하면 더욱 자연스러워요.

Key Sentence

- **That is** a fantastic suggestion. 멋진 제안이야.
- **That's** a good job! 잘했어!

Every Conversation

A. Let's have lunch together. 점심 같이 먹자.

B. **That is** a fantastic suggestion. 멋진 제안이야.

A. Check out my writing. 내 글을 봐 줘.

B. **That's** a great work! 잘했는데!

Grammar Point

That's 뒤에 관사 'a(an)'를 써야 할 때와 쓰지 않아도 될 때, 어떻게 구별할까요?
That's 뒤에 형용사만 쓰면 'a(an)'가 필요 없지만 명사가 나오면 반드시 써야 해요.

 More expressions

That's true. 사실이야. *true = 형용사(a 미사용)

That's a shame. 안타까워. *shame = 명사(a 사용)

Let's Practice!

01 최고의 선택이야!   *an excellent choice / that is   !*

02 정말 안됐다.   *too bad / that is*

 **Word**

• **fantastic** 멋진 • **suggestion** 제안 • **shame** 창피, 수치심
• **excellent** 최고의 • **choice** 선택 • **bad** 안 좋은 • **too** 너무

정답 1. That is an excellent choice! 2. That is too bad.

They are **too heavy.**

그것들은 너무 무거워.

[They are~] : 그들은(그것들은) ~이다, ~에 있다, 어떠하다

여러 가지를 한꺼번에 설명할 때 사용해요. too는 '너무'라는 뜻으로 그것들의 상황
이나 상태가 부정적인 의미가 있는 것을 강조할 때 쓸 수 있어요. they're로 줄여서
말하면 더욱 자연스러워요.

Key Sentence

- They are too expensive. 너무 비싸.
- They're too sharp. 너무 날카로워.

Every Conversation

A. These sunglasses are cool. 이 선글라스 멋지다.

B. **They are** too expensive. 너무 비싸.

A. Pass me the scissors. 그 가위 건네줘.

B. **They're** too sharp. 너무 날카로운데.

*가위(scissors)는 하나지만 자르는 날이 2개이므로 복수로 말해요.

Grammar Point

too와 어울리는 표현으로 [too ~ to…]가 있어요. '너무 ~해서 …할 수 없다'라는 의미입니다. 어떤 일을 못 하거나 하고 싶지 않을 때 그 이유를 말할 수 있는 패턴 이에요. too 다음에는 형용사, to 다음에는 동사를 넣어요. 품사에 맞는 단어를 넣 는 게 중요해요.

More expressions

They are **too** small **to** use. 그것들은 사용하기에 너무 작아.

They're **too** hard **to** finish today. 그것들은 너무 어려워서 오늘 끝낼 수 없어.

Let's Practice!

01 그것들은 너무 커.   *too big / they are*

02 그들은 자전거를 타기에 *too young / they are / a bike / to ride*
너무 어려.

Word

• **heavy** 무거운 • **expensive** 비싼 • **pass** 건네주다
• **sharp** 날카로운 • **big** 큰 • **ride a bike** 자전거를 타다

정답 1. They are too big. 2. They are too young to ride a bike.

It's important to **protect our environment.**

환경을 보호하는 것은 중요해.

[It's important to~] : ~하는 것은 중요하다

중요한 것을 말하거나 어떤 점을 강조할 때 사용하는 표현이에요. 실제로 말하려고 하는 부분은 'to~'입니다. 중요하다고 생각하는 것을 이야기할 때는 [It's important to] 뒤에 중요한 내용을 붙여서 말해요.

- It's important to **study hard.** 공부를 열심히 하는 것은 중요해.
- It is important to **eat vegetables.** 야채를 먹는 것은 중요해.

A. Vegetables are too much for me. 야채가 너무 많아.

B. **It's important to** eat vegetables. They are good for your health.
야채를 먹는 것은 중요해. 너의 건강에 좋아.

A. Oh, I'm very sorry for being late. 늦어서 죄송합니다.

B. **It's important to** be on time. 시간을 지키는 것은 중요해요.

Grammar Point

[It is 형용사 to 동사]는 '(동사)하는 것은 (형용사)하다'라는 뜻이에요. 이 형태는
영어 시험뿐 아니라 실제 일상 회화에서도 많이 등장해요.

More expressions

It's exciting to learn new things. 새로운 것을 배우는 것은 흥미로운 일이야.

It's helpful to follow the instructions. 지시 사항을 따르는 것은 도움이 된다.

*exciting, helpful : 형용사 / learn, follow : 동사

Let's Practice!

01 이를 닦는 것은 중요해. *it's important / your teeth / to brush*

02 친구들과 노는 것은 재미있어. *to play / it's enjoyable / with my friends*

Word

- **important** 중요한 - **protect** 보호하다 - **environment** 환경
- **vegetable** 야채 - **exciting** 흥미로운 - **helpful** 도움이 되는
- **brush** 닦다 - **enjoyable** 재미있는 - **instruction** 지시, 설명

정답 1. It's important to brush your teeth. 2. It's enjoyable to play with my friends.

Review!

A. 이제까지 배운 대표 다섯 문장을 점검해 봐요. 15초 안에 대답하면 성공!

01	나는 학생이야.
02	금요일이야.
03	좋은 생각이야.
04	그것들은 너무 무거워.
05	환경을 보호하는 것은 중요해.

B. 이제 단어를 바꿔서 말해 볼까요? 패턴을 기억해서 말해 보세요.

01	나는 곤란한 상황이야.
02	수요일이야.
03	정말 안됐다.
04	그들은 자전거를 타기에 너무 어려.
05	친구들과 노는 것은 재미있어.

A. 정답 1. I'm a student. 2. It's Friday. 3. That's a good idea. 4. They're too heavy.
5. It's important to protect our environment.

B. 정답 1. I'm in trouble. 2. It's Wednesday. 3. That's too bad.
4. They're too young to ride a bike. 5. It's enjoyable to play with my friends.

be동사가 뭐예요?

be동사는 주어의 존재나 상태를 설명하는 동사로 '~이다, ~있다'라는 뜻이 있어요.

말하는 사람을 1인칭, 듣는 사람을 2인칭, 그리고 이야기의 대상이 되는 사람이나 사물을 3인칭이라고 하는데요. be동사는 인칭에 따라, 시제(현재/과거)에 따라 달라지니 잘 구별해서 써야 해요.

인칭	단수(하나의 수)			복수(둘 이상의 수)		
	주어	현재형	과거형	주어	현재형	과거형
1	I	am	was	we	are	were
2	you	are	were	you		
3	he	is	was	they		
	she					
	it					
	이름					

- I am Mina.　　　　　　나는 Mina입니다.
- You are a student.　　당신은 학생이군요.
- He(She, It, Mina) is tall.　그는(그녀는, 그것은, Mina는) 키가 크군요.
- We are friends.　　　우리는 친구입니다.
- You are students.　　당신들은 학생이군요.
- They are tall.　　　　그들은 키가 큽니다.

Day 06
There are four members in my family.

우리 가족은 4명이야.

[There is(are)~] : ~가 있다

어떤 물건이나 상황을 말할 때 사용해요. 여기서 there는 '거기에'라는 뜻이 아니에요. 존재를 말하기 위해 넣는 단어이므로 해석하지 않아요. 뒤에 오는 명사가 단수면 is, 복수면 are를 사용해요.

 Key Sentence

- There is a comic book on the desk. 책상 위에 만화책 한 권이 있어.
- There are other pants in the closet. 옷장에 다른 바지가 있어.

Every Conversation

A. I'm bored. 나 심심해.
B. **There is** a comic book on the desk. 책상 위에 만화책 한 권이 있어.

A. These pants are too small. 이 바지 너무 작아.
B. **There are** other pants in the closet. 옷장에 다른 바지가 있어.

Grammar Point

'여기에/지금 이 순간 ~가 있다'라고 말할 때는 [Here is(are)~]를 사용해요. here 이 '여기'라는 의미이므로 뒤에 장소는 붙이지 않아요.

 More expressions

Here is my number. 여기 내 번호야.

Here is an idea. 아이디어가 하나 있어.

Here are my paintings. 제 그림이에요.

Here are the tickets for the movie. 여기 그 영화를 위한 표가 있어.

Let's Practice!

01 책상 위에 책이 세 권 있어.   *three books / there are / on the desk*

02 여기 새 공책이 있어.   *a new notebook / here is*

 **Word**

- member 구성원 • some 약간 • other 다른 • pants 바지
- ticket 표 • closet 옷장 • notebook 공책

정답 1. There are three books on the desk. 2. Here is a new notebook.

I am not happy with **it.**

마음에 들지 않아.

[I am not happy with~] : ~이 마음에 들지 않아

어떤 상황이 마음에 들지 않을 때 쓰는 표현입니다. 정확히 해석하면 '나는 행복하지 않아'이지만, '마음에 들지 않아, 만족하지 않아' 정도로 이해하세요. 지금 여러분을 불편하게 하거나 기분을 좋지 않게 만드는 것이 있다면 'I am not happy with' 뒤에 내용을 붙여서 외쳐 보세요.

 Key Sentence

- I'm not happy with **him.** 나는 그가 마음에 들지 않아.
- I'm not happy with **the school rules.** 학교 규칙이 마음에 들지 않아.

 Every Conversation

A. Andy is always late for class. Andy는 항상 수업에 늦어.
B. **I'm not happy with** him. 나는 그가 마음에 들지 않아.

A. **I'm not happy with** school rules. 학교 규칙이 마음에 들지 않아.
B. It is important to follow the rules. 규칙을 따르는 게 중요해.

happy 대신에 pleased, satisfied를 쓸 수 있어요. 마음에 들지 않거나 만족하지 않은 상황이면 be동사 바로 뒤에 not을 붙이면 됩니다. not은 '~가 아니다, ~에 없다, ~하지 않다'라는 의미가 있거든요.

More expressions

I am pleased with my haircut. 나는 내 자른 머리가 마음에 들어.

I am not satisfied with the new school. 나는 새 학교가 마음에 들지 않아.

Let's Practice!

01 나는 이 셔츠가 마음에 들어.   *I'm happy / this shirt / with*

02 나는 그 음악이 마음에 들지 않아.   *I'm not pleased / the music / with*

Word

- rule 규칙 • follow 따르다 • haircut 머리 깎기, 헤어스타일
- pleased 기쁜, 기뻐하는 • satisfied 만족하는

정답 1. I'm happy with this shirt. 2. I'm not pleased with the music.

This is not **mine.**

이것은 내 것이 아니야.

[This is not 소유대명사] : ~의 것이 아니다

어떤 물건이 내 것 또는 너의 것처럼 누구에게 소유된 것이 아닐 때 사용하는 표현입니다. not을 빼면 '~의 것이다'라는 의미예요. 주위를 살펴보고 현재 내 것인 것, 그리고 내 것이 아닌 것을 영어로 말해 보세요.

- The **seat** is not mine. 그 자리는 내 자리가 아니야.
- It is not yours. 그것은 네 것이 아니야.

A. **The** seat **is not mine.** 그 자리는 내 자리가 아니야.

B. Oh, it is not mine, either. 내 자리도 아니야.

A. **It is not yours.** 그것은 네 것이 아니야.

B. Oh, sorry. 오 미안해.

'누구의 것'이라는 단어는 '누구'에 따라 달라지니 반드시 외워 두세요. 만약 특정한 상대의 것이라면 그 사람의 이름 뒤에 's를 붙이면 돼요.

mine	나의 것	yours	너의 것
his	그의 것	hers	그녀의 것
ours	우리의 것	theirs	그들의 것
Andy's	Andy의 것		

More expressions

The book is not **Any's.** 그 책은 Any의 것이 아니야.

The laptop is my **sister's.** 그 노트북은 내 여동생의 것이야.

Let's Practice!

01 이 책은 내 것이 아니야.　　*is / not / this book / mine*

02 저 가방은 Andy의 것이야.　　*that bag / Andy's / is*

Word

• **seat** 자리　• **either** (부정문에서) ~도 역시　• **laptop** 노트북

정답 1. This book is not mine.　2. That bag is Andy's.

Are you ready **to go?**

너는 갈 준비가 되었니?

[Are you ready~?] : 너는 ~할 준비가 되었니?

상대방의 상황이나 상태를 확인할 때 쓰는 표현이에요. [Are you ready to 동사?] 또는 [Are you ready for 명사?]는 '(동사/명사)할 준비가 되었니?'라는 뜻이에요. 상대방이 어떤 행동을 할 준비가 되었는지 물어볼 때 사용해 봐요. 준비되었나요?

Key Sentence

- **Are you ready** to go shopping? 쇼핑 갈 준비가 되었니?
- **Are you ready** for the school talent show?
  학교 장기자랑 준비가 되었니?

Every Conversation

A. **Are you ready** to go shopping? 쇼핑 갈 준비가 되었니?

B. Yes, I am. 네. 다 되었어요.

A. **Are you ready** for the school talent show?
  학교 장기자랑 준비가 되었니?

B. No, I'm not. 아니요. 안 되었어요.

물어보는 문장을 의문문이라고 해요. be동사의 의문문을 만드는 방법은 간단해요. 평서문에서 주어와 be동사의 위치를 바꾼 다음, 물음표를 붙여 주세요. [Am I~?, Are you~?, Is he(she)~?, Are we~?, Are they~?]처럼 덩어리로 외우면 훨씬 쉽게 떠오를 거예요. 대답은 상황에 따라 Yes/No로 해요.

 More expressions

Are you ready for the big test tomorrow? 내일 중요한 시험 준비가 되었어?

Is she ready to go to the dinner party? 그녀는 저녁 파티 갈 준비가 되었어?

Let's Practice!

01 영화 보러 갈 준비가 되었니? *a movie / are you ready / to see*　　?

02 그는 다가오는 시험 준비가 다 되었니? *is he ready / the upcoming exam / for*　?

Word

- **ready** 준비된　• **talent show** 장기 자랑
- **movie** 영화　• **upcoming** 다가오는

정답 1. Are you ready to see a movie? 2. Is he ready for the upcoming exam?

Is it your birthday today?

오늘 네 생일이니?

[Is it~?] : (그것은) ~이니?

가까이에 있는 어떤 대상의 상태, 날씨, 요일, 월, 시간, 거리의 상황, 상대방이 앞서 이야기한 대상을 물어볼 때 사용하는 표현입니다. '날씨 어때요?, 당신 생일인가요?'처럼 it으로 물어보는 상황이 참 많답니다.

- Is it Thursday today? 오늘 목요일이야?
- Is it a bird in the tree? 나무 안에 있는 게 새야?

A. **Is it** Thursday today? 오늘 목요일이야?

B. No, it is Wednesday. 아니 수요일이야.

A. **Is it** a bird in the tree? 나무 안에 있는 게 새야?

B. No, it isn't. It's just a leaf. 아니야. 그냥 나뭇잎이야.

[Is it~?]은 okay(괜찮은), possible(가능한)과 함께 사용하여 허락을 구할 때 많이 쓰여요. [Is it okay(possible) to~?] 뒤에 허락을 구하는 내용을 덧붙이면 예의 바른 표현이 됩니다.

More expressions

Is it okay to eat ice cream here? 여기서 아이스크림 먹어도 될까요?

Is it possible to stay here? 여기에 머물러도 될까요?

Let's Practice!

01 오늘 Andy 생일이야?　　　*Andy's birthday / is it / today　?*

02 축구해도 될까요?　　　*to play soccer / is it okay　?*

Word

- just 단지　• leaf 나뭇잎　• here 여기에
- stay 머물다　• possible 가능한

정답 1. Is it Andy's birthday today?　2. Is it okay to play soccer?

A. 이제까지 배운 대표 다섯 문장을 점검해 봐요. 15초 안에 대답하면 성공!

06	우리 가족은 4명이야.
07	마음에 들지 않아.
08	이것은 내 것이 아니야.
09	너는 갈 준비가 되었니?
10	오늘 네 생일이니?

B. 이제 단어를 바꿔서 말해 볼까요? 패턴을 기억해서 말해 보세요.

06	아이디어가 하나 있어.
07	나는 이 셔츠가 마음에 들어.
08	그것은 네 것이 아니야.
09	영화 보러 갈 준비가 되었니?
10	오늘 Andy 생일이야?

A. 정답 6. There're four members in my family. 7. I'm not happy with it.
8. This is not mine. 9. Are you ready to go? 10. Is it your birthday today?

B. 정답 6. Here is an idea. 7. I'm happy with this shirt. 8. It's not yours.
9. Are you ready to see a movie? 10. Is it Andy's birthday today?

숫자, 제대로 읽어요.

숫자를 읽는 방법은 두 가지입니다. 일, 이, 삼, 사로 수를 읽는 방법과 첫째, 둘째, 셋째, 넷째처럼 순서를 읽는 방법이 있지요. 수를 읽는 것은 기수(the cardinal numbers), 순서를 읽는 것은 서수(the ordinal numbers)라고 합니다.

	기수	서수		기수	서수
1	one	first	16	sixteen	sixteenth
2	two	second	17	seventeen	seventeenth
3	three	third	18	eighteen	eighteenth
4	four	forth	19	nineteen	nineteenth
5	five	fifth	20	twenty	**twentieth**
6	six	sixth	30	thirty	**thirtieth**
7	seven	seventh	40	**forty**	**fortieth**
8	eight	eighth	50	fifty	**fiftieth**
9	nine	ninth	60	sixty	**sixtieth**
10	ten	tenth	70	seventy	**seventieth**
11	eleven	eleventh	80	eighty	**eightieth**
12	twelve	**twelfth**	90	ninety	**ninetieth**
13	thirteen	thirteenth	100	hundred	hundredth
14	fourteen	fourteenth	1,000	thousand	thousandth
15	fifteen	fifteenth			

* 굵게 표시한 단어는 발음과 철자에 유의하세요.

Isn't she **lovely?**

그녀가 사랑스럽지 않니?

[Isn't she~?] : 그녀는 ~하지 않니?

다른 사람의 상황이나 상태를 확인할 때 사용하는 표현이에요. 남자면 he, 여자면 she를 써요. be동사와 주어를 상황에 따라 바꾸면 다양한 질문을 할 수 있어요.

Key Sentence

- Isn't he wonderful? 그는 정말 멋있잖아?
- Aren't they twins? 그 애들 쌍둥이 아니야(아니지)?

Every Conversation

A. Isn't he wonderful? 그는 정말 멋있잖아?

B. Yes, he is wonderful. 응. 정말 멋있어.

A. Aren't they twins? 그 애들 쌍둥이 아니야(아니지)?

B. No, they aren't. 응, 쌍둥이는 아니야.

Grammar Point

'~하지 않니?'라고 물어보는 것을 부정의문문이라고 해요. 의문문에 not이 있지만 대답은 not이 없는 질문의 대답과 같아요. 그 상황이 옳으면 yes, 아니면 no라고 해요.

질문	긍정 대답	부정 대답
Is she lovely? Isn't she lovely?	Yes. She is lovely.	No. She isn't lovely.

 More expressions

A. Isn't it far from here? 여기서 멀지 않지?

B. No, it isn't. 응, 멀지 않아.

C. Yes, it is. 아니, 멀어.

Let's Practice!

01 그는 좋은 사람이지 않아?   *nice / isn't he*   ?

02 그 사람들 경찰 아니야?   *police officers / aren't they*   ?

 Word

- **lovely** 사랑스러운 • **wonderful** 멋진 • **twins** 쌍둥이
- **nice** 좋은 • **police officer** 경찰관

정답 1. Isn't he nice? 2. Aren't they police officers?

He is a morning person, isn't he?

그는 아침형 인간이야, 그렇지 않니?

[isn't 주어?] : 그렇지 않니? [is 주어?] : 그렇지?

자신이 알고 있는 정보를 이야기한 후 '그렇지 않아?' 또는 '그렇지?'라고 바로 뒤에 덧붙여서 상대방에게 확인하거나 동의를 구하기 위해 물어보는 표현입니다. 상대방에게 답을 구하는 의문문과 차이가 있어요.

Key Sentence

- The color is too dark, isn't it? 그 색 너무 어두워, 그렇지 않니?
- Jenny is on time at school, isn't she?
  Jenny는 학교에 항상 제시간에 오잖아, 그렇지 않니?

Every Conversation

A. The color is too dark, **isn't it?** 그 색 너무 어두워, 그렇지 않니?

B. No, it isn't dark. 아니, 어둡지 않아.

A. Jenny is on time at school, **isn't she?**
   Jenny는 학교에 항상 제시간에 오잖아, 그렇지 않니?

B. No, she isn't on time. 아니, 그녀는 항상 제시간에 오지 않아.

'그렇지?' '그렇지 않니?'라고 확인을 위해 문장 뒤에 붙이는 것을 부가의문문이라고 합니다. 부가의문문을 만들 때는 앞에 어떤 형태로 말했느냐에 따라 달라지는데요, 앞의 문장이 긍정문이면 부가의문문은 부정문으로, 부정문이면 긍정문으로 붙입니다.

[isn't 주어?] : 그렇지 않니?
[is 주어?] : 그렇지?

 More expressions

John isn't kind, **is he?** John은 친절하지 않아, 그렇지?

They aren't friends, **are they?** 그들은 친구가 아니야, 그렇지?

Let's Practice!

01 너 피곤하지, 그렇지 않아?   aren't you / you are / tired,   ?

02 Jenny는 친절하지 않아, 그렇지?   Jenny isn't / is she / kind,   ?

Word

- morning person 아침형 인간 • color 색깔
- on time 제시간에 • kind 친절한 • tired 피곤한

정답 1. You are tired, aren't you? 2. Jenny isn't kind, is she?

Day 13

Who is **that?**

저 사람은 누구야?

> ### [Who is(are)~?] : ~은 누구야?
> ### [Where is(are)~?] : ~은 어디야?
>
> 정보를 전달할 때 반드시 포함해야 할 여섯 가지 요소가 있어요. '육하원칙'이라고 하는데요. '언제(when), 어디서(where), 누가(who), 무엇을(what), 어떻게(how), 왜(why)'가 바로 그것입니다. 이것들을 영어에서는 의문사라고 해요. [의문사 + be동사 + 주어?]는 주어의 상황, 위치, 존재를 물어볼 때 쓰여요.

Key Sentence

• Who is he? 그는 누구야?

• Where are they? 그들은 어디 있어?

Every Conversation

A. **Who is** he? 그는 누구야?

B. He is a new math teacher. 새로 온 수학 선생님이야.

A. **Where are** they? 그들은 어디 있어?

B. They are in the cafeteria. 그들은 구내식당에 있어.

의문사를 활용하여 의문문을 만들 때는 의문사를 문장 앞에 두고 [의문사 + 동사 + 주어?]의 순서로 써야 해요. 의문사의 종류를 한 번 더 익혀 두세요. which(어떤 것), whose(누구의)도 자주 쓰는 의문사이니 함께 알아두세요.

More expressions

Which is your favorite subject? 네가 가장 좋아하는 과목은 어느 것이지?

Whose shoes are those? 저 신발은 누구의 것이지?

Let's Practice!

01 너는 누구니?   *you / who are* ?

02 여름방학이 언제야?   *when is / summer vacation / your* ?

Word

- **math** 수학 • **cafeteria** 구내식당 • **favorite** 가장 좋아하는
- **subject** 과목 • **vacation** 방학

정답 1. Who are you? 2. When is your summer vacation?

Which team is your favorite?

어느 팀을 가장 좋아하니?

[which 명사 is(are)~?] : 어느 (명사)가 ~이니?

특정한 것을 콕 짚어서 물어보고 싶을 때가 있어요. '어떤 음악을 좋아해?' '어떤 음식이 맛있어?'처럼 말이죠. 그럴 때는 의문사 which나 what 뒤에 물어보고 싶은 그것(명사)을 붙이면 돼요.

Key Sentence

- **Which coat is** yours? 너의 코트는 어떤 것이니?
- **Which class are** you in? 너는 몇 반이야?

Every Conversation

A. Which coat is yours?   너의 코트는 어떤 것이니?

B. The blue one is mine.   파란색이 내 코트야.

- -

A. Which class are you in?   너는 몇 반이야?

B. I'm in Class 5. 5반이야.

Grammar Point

what과 which를 쓸 때는 차이가 있어요. what은 광범위한 상황에서 물어볼 때, which는 주어진 범위에서 물어볼 때 사용한답니다.

What is your name? 너의 이름은 뭐야?
Which subject is your favorite? 어떤 과목을 가장 좋아하니?

More expressions

What size are the sneakers? 이 운동화 사이즈는 뭐예요?(다양한 크기 중 무엇)

Which car is Jack's in the parking lot?
주차장에 있는 어떤 차가 Jack의 것이지?(주차장 안에 있는 여러 차 중에서 어떤)

Let's Practice!

01 어떤 가방이 Andy의 것이지?   *is / which bag / Andy's   ?*

02 지금 몇 시야?   *now / what time / is it   ?*

Word

• **team** 팀 • **favorite** 가장 좋아하는 • **class** 반
• **one** 것(앞에 언급한 사람이나 사물) • **size** 사이즈, 크기 • **parking lot** 주차장

정답 1. Which bag is Andy's? 2. What time is it now?

Day 15

How much is **it?**

그것은 얼마야?

[How much is(are) 명사?] : 얼마나(어느 정도) 해?

가격을 물어볼 때 쓰는 표현이에요. 위 문장에서 it 대신에 물어보고자 하는 대상을 넣으면 더 정확하게 가격을 물어볼 수 있어요. 가방 가격을 알고 싶다면 bag를, 케이크 가격을 알고 싶다면 cake를 넣으면 돼요. 사고 싶은 물건의 가격을 물어봐요!

 Key Sentence

- How much is this shirt? 이 셔츠는 얼마지요?
- How much are the shoes? 이 신발은 얼마지요?

 Every Conversation

A. **How much is** this shirt? 이 셔츠는 얼마지요?

B. It is 20,000 won. 2만 원입니다.

A. **How much are** the shoes? 이 신발은 얼마지요?

B. They are 50,000 won. 5만 원입니다.

Grammar Point

[How much 명사 is~?]는 '(명사)는 얼마나 있니?'라는 의미로 양이나 정도를 물어보는 표현이에요. 설탕이나 우유, 물처럼 양을 나타내는 단어는 be동사 is를 사용한다는 사실도 잊지 마세요.

More expressions

How much milk is in this cup? 이 컵에 우유가 얼마나 있어?

How much sugar is in the juice? 그 주스에는 설탕이 얼마나 있어?

Let's Practice!

01 저 책의 가격은 얼마야?   *how much / that book / is   ?*

02 그 냄비에는 물이 얼마나 있어?   *how much water / in the pot / is   ?*

Word

• sugar 설탕 • water 물 • pot 냄비

정답 1. How much is that book? 2. How much water is in the pot?

A. 이제까지 배운 대표 다섯 문장을 점검해 봐요. 15초 안에 대답하면 성공!

11	그녀가 사랑스럽지 않니?
12	그는 아침형 인간이야, 그렇지 않니?
13	저 사람은 누구야?
14	어느 팀을 가장 좋아하니?
15	그것은 얼마야?

B. 이제 단어를 바꿔서 말해 볼까요? 패턴을 기억해서 말해 보세요.

11	그는 좋은 사람이지 않아?
12	Jenny는 친절하지 않아, 그렇지?
13	여름방학이 언제야?
14	어떤 가방이 Andy의 것이지?
15	이 컵에 우유가 얼마나 있어?

A. 정답 11. Isn't she lovely? 12. He is a morning person, isn't he? 13. Who is that?
14. Which team is your favorite? 15. How much is it?

B. 정답 11. Isn't he nice? 12. Jenny isn't kind, is she? 13. When is your summer vacation?
14. Which bag is Andy's? 15. How much milk is in this cup?

날짜, 요일 읽는 법

일상생활에서 날짜와 요일을 말하고 쓸 일이 많지요. 정확하게 말하고 쓰는 법을 알아보아요.

1. 월(Month)

1월	January	4월	April	7월	July	10월	October
2월	February	5월	May	8월	August	11월	November
3월	March	6월	June	9월	September	12월	December

날짜는 서수로 읽습니다.

A: What's the date today? 오늘 며칠이야?

B: It's January 3rd.   1월 3일이야.

A: What is today's date? Is it the thirty-first? 오늘 며칠이지? 31일이야?

B: No. Yesterday was May thirty-first. It's June today.
   어제가 5월 31일이었지. 오늘은 6월이야.

2. 요일(Day)

일	월	화	수	목	금	토
Sunday	Monday	Tuesday	Wednesday	Thursday	Friday	Saturday

A: What's the day today? 오늘 무슨 요일이지?

B: It's Friday. 금요일이야.

* 월과 요일은 항상 대문자로 시작합니다.

I was **nervous.**

나는 불안했어.

[I was~] : 나는 ~였어, 나는 ~에 있었어

[I was~]는 나의 지난 상황이나 상태에 대해 말할 때 써요. 과거를 말하기 때문에 지금은 그 상태나 상황이 아니라는 점을 기억하세요. 현재와 과거를 정확하게 구분하지 않으면 서로 오해가 생길 수 있답니다.

Key Sentence

- I was busy yesterday. 나는 어제 바빴어.
- I was very happy with the service at the restaurant.
  나는 그 식당의 서비스에 매우 만족했어.

Every Conversation

A. You are tired, aren't you? 너 피곤하지, 그렇지 않니?

B. Yes, **I was** busy yesterday. 응. 나는 어제 바빴거든.

A. How was the restaurant? 그 식당 어땠어?

B. Great! **I was** very happy with the service at the restaurant.
좋았어! 나는 그 식당의 서비스에 매우 만족했어.

Grammar Point

be동사 과거형의 부정문을 만드는 방법은 현재형과 같아요. be동사 바로 뒤에 not을 붙이면 돼요. [I wasn't, He(She) wasn't, It wasn't, You weren't, We weren't, They weren't]처럼요. 과거형에서는 부정문에만 줄임말이 있다는 점을 기억하세요.

More expressions

She wasn't popular among her friends. 그녀는 친구들 사이에서 인기가 없었어.

They weren't at the meeting yesterday. 그들은 어제 회의에 없었어.

Let's Practice!

01 나는 어제 집에 있었어.   *at home / I was / yesterday*

02 우리는 지난 주말에 매우 바빴어.   *last weekend / we were / very busy*

Word

- **nervous** 불안한 • **tired** 피곤한 • **popular** 인기있는 • **yesterday** 어제
- **among** ~사이에 • **last weekend** 지난 주말

정답 1. I was at home yesterday. 2. We were very busy last weekend.

Day 17

Was it fun?

재밌었어?

[Was it~?] : ~이었어?

상대방에게 지난 일의 상태를 물어볼 때 사용할 수 있는 표현이에요. 음식이나 영화, 이벤트와 같은 활동에 대한 의견을 물어보거나 확인할 때 아주 요긴하게 쓸 수 있어요.

Key Sentence

• Was it enjoyable? 즐거웠어?

• Was it difficult? 어려웠어?

Every Conversation

A. Was it enjoyable? 즐거웠어?

B. Yes, it was exciting. 응. 정말 흥미로웠어.

A. Was it difficult? 어려웠어?

B. No, it was easy. 아니, 쉬웠어.

Grammar Point

[Was it~?]에서 it 대신에 다른 사람이나 명사를 사용하면 그 사람, 또는 명사의 과거 상태나 상황, 위치를 물어보는 표현이 됩니다. 상태, 상황이 계속되거나 일반적인 사실을 말하면 현재형(is, are), 이미 지나가서 그 상황이 지속되지 않을 때는 과거형(was, were)을 쓴다는 점, 기억하세요.

More expressions

Was he at the party last night? 어젯밤에 그는 파티에 있었어?

Were the grapes delicious? 그 포도는 맛있었어?

Let's Practice!

01 맛있었어?   it / was / tasty   ?

02 너는 어제 집에 있었어?   you / were / at home / yesterday   ?

Word

- **enjoyable** 즐거운 · **difficult** 어려운 · **easy** 쉬운
- **last night** 어젯밤 · **tasty** 맛있는

정답 1. Was it tasty? 2. Were you at home yesterday?

Where were **we?**

우리 어디까지 했었지?, 우리 어디에 있었지?

[Where was(were)~?] : 어디에 있었지?

과거에 어디에 있었는지 물어볼 때 사용하는 표현입니다. 대표 문장인 [Where were we?]는 중단되었던 대화를 다시 시작하거나 수업 시간에 진도를 확인할 때 자주 사용하는 표현입니다. 물론 상황에 따라 우리가 어디에 있었는지 물어보는 의미도 돼요.

Key Sentence

• Where were the books? 그 책들은 어디에 있었어?

• Where were they at that moment? 그들은 그때 어디에 있었지?

Every Conversation

A. **Where were** the books? 그 책들은 어디에 있었어?

B. They were in my locker. 내 사물함에 있었어.

A. **Where were** they at that moment? 그들은 그때 어디에 있었어?

B. They were in the classroom. 그들은 교실에 있었어.

Grammar Point

다른 의문사를 사용해서 지나간 일의 상황과 상태를 물어볼 수 있어요.

> **When was(were) ~?** ~는 언제였지?
> **Where was(were) ~ ?** ~는 어디에 있었지?
> **Who was(were) ~?** ~는 누구였지?
> **What was(were) ~?** ~는 무엇이었지?
> **Why was(were) ~?** ~는 왜 ~였지?

More expressions

What were the noises last night? 어젯밤에 그 소리 뭐였지?

Who was the singer at the concert? 그 콘서트에서의 가수는 누구였지?

Let's Practice!

01 내가 어디까지 말했지?   was / where / I   ?

02 마지막 파티가 언제였지?   when / the last party / was   ?

Word

- **at that time** 그때   • **singer** 가수   • **noise** 소리, 잡음
- **the last** 마지막의

정답 1. Where was I? 2. When was the last party?

Day 19

How was **your vacation?**

방학은 어땠어?

[How was~?] : ~는 어땠니?

지난 일에 대해 안부를 물을 때 사용해요. 과거의 어떤 상황에 대한 느낌이나 의견을 물어볼 때도 사용해요. 여행을 다녀왔거나 새로운 영화나 책을 본 친구가 있다면 물어보세요. '여행 어땠어?' '그 영화 어땠어?'라고 말이죠.

Key Sentence

- How was **your trip?** 여행은 어땠어?
- How was **the food?** 음식은 어땠어?

Every Conversation

A. **How was** your trip? 여행은 어땠어?

B. It was great. 정말 좋았어.

- -

A. **How was** the food? 그 음식은 어땠어?

B. It was a little salty. 약간 짰어.

How는 much, many뿐 아니라 long, far, big, tall처럼 형용사와 함께 쓰여 새로운 의미의 의문사를 만들어요.

> **How long was(were) ~?** ~는 얼마나 길었어?
> **How far was(were) ~?** ~는 얼마나 멀었어?
> **How big was(were) ~?** ~는 (크기가) 얼마나 컸어?
> **How tall was(were) ~?** ~는 (키가) 얼마나 컸어?

More expressions

How long was the movie? 그 영화는 얼마나 길었어?

How far was the library from school? 학교에서 도서관까지 얼마나 멀었어?

Let's Practice!

01 너의 학교 첫날은 어땠어? *of school / how was / your first day*   ?

02 그 축구 경기는 얼마나 오래 걸렸어? *the soccer game / how long / was*   ?

Word

• **trip** 여행 • **a little** 약간 • **salty** (맛이) 짠 • **first day** 첫날

정답 1. How was your first day of school? 2. How long was the soccer game?

Day 20

Be kind **to others.**

다른 사람에게 친절하게 해.

[Be + 형용사] : ~하세요

Be가 먼저 나오고 형용사가 뒤이어 나오면 상대방에게 '~하세요'라고 요구하는 표현이에요. 상대방의 태도나 자세, 상황을 바꾸기를 요구할 때 사용하지요. 강한 표현이기 때문에 처음 보는 사람이나 윗사람에게는 사용하지 않아요.

 **Key Sentence**

- **Be quiet** in the library. 도서관에서는 조용히 해.
- **Be nice** to your little brother. 너의 남동생한테 잘해 줘.

 Every Conversation

A. **Be quiet** in the library. 도서관에서는 조용히 해.

B. Yes, Mrs. Kim. 네, 선생님.

- -

A. **Be nice** to your little brother. 너의 남동생한테 잘해 줘.

B. I am not happy with him. 난 그 애가 마음에 들지 않아.

Grammar Point

'~하지 마'라고 요구할 때는 [Don't be + 형용사]라고 말할 수 있어요. 명령문은 상황에 따라 마침표(.)나 느낌표(!)를 쓸 수 있어요.

More expressions

Don't be late for class. 수업에 늦으면 안 돼.

Don't be scared. It's just a spider. 겁내지 마. 그냥 거미야.

Let's Practice!

01 행복해!   *happy / be   !*

02 친구들에게 무례하게 하지 마.   *rude / to your friends / don't be*

Word

정답 1. Be happy! 2. Don't be rude to your friends.

Review!

A. 이제까지 배운 대표 다섯 문장을 점검해 봐요. 15초 안에 대답하면 성공!

16	나는 불안했어.
17	재밌었어?
18	우리 어디까지 했었지?
19	방학 어땠어?
20	다른 사람에게 친절하게 해.

B. 이제 단어를 바꿔서 말해 볼까요? 패턴을 기억해서 말해 보세요.

16	그녀는 친구들 사이에서 인기가 없었어.
17	너는 어제 집에 있었어?
18	어젯밤에 그 소리 뭐였지?
19	여행은 어땠어?
20	행복해!

A. 정답 16. I was nervous. 17. Was it fun? 18. Where were we?
19. How was your vacation? 20. Be kind to others.

B. 정답 16. She wasn't popular among her friends. 17. Were you at home yesterday?
18. What were the noises last night? 19. How was your trip? 20. Be happy!

관사(a/an/the) 쓰기

영어 공부할 때 어려운 것 중 하나가 바로 관사입니다. 왜냐하면 우리말에 없는 부분이라 익숙하지 않기 때문이지요. '관사(article)'는 '명사가 쓰는 왕관'이라고 생각해 보세요. 한 개, 두 개 셀 수 있는 명사는 반드시 '관사'라는 왕관을 써야 한다고요. 어떻게 쓰이는지 살펴볼까요?

먼저 '부정관사'라고 하는 a와 an입니다. 여기서 '부정'은 '정해지지 않은'이라는 의미예요. 어떤 특정한 것이 아니라 일반적인 명사 앞에 쓰는 관사를 말합니다. apple이나 egg처럼 모음으로 시작하는 명사 앞에는 an을 씁니다.

She is a **doctor.** 그녀는 의사야.
There is an **apple on the table.** 식탁 위에 사과가 하나 있어.

'정관사'라고 하는 the는 특정한 명사를 말합니다. 대화 중에 이미 말을 했거나 대화를 나누는 상대방과 서로 이미 알고 있는 명사라면 the라는 왕관을 씌워 주세요.

The **man is tall.** 그 남자 키가 커.
This is the **book.** 이것이 그 책이야.

그런데 명사 중에서도 관사를 쓰지 않는 명사가 있어요. 사람이나 지역 이름, 요일, 계절과 같은 고유한 이름이 있는 명사, milk(우유), water(물), butter(버터)처럼 개수가 아닌 양으로 알 수 있는 명사, love(사랑), information(정보)처럼 추상적인 의미가 있는 명사는 관사를 붙이지 않아요. 운동(soccer, baseball), 식사(breakfast, lunch)와 같은 명사도요.
또, 꼭 the만 붙이는 예도 있어요. in the morning(아침에), in the sky(하늘에) 같은 표현이나 the Amazon(아마존), the Sahara(사하라사막)와 같은 특정 지역처럼요. 예외가 많지요? 그래서 하나씩 원칙을 찾아 정확하게 외우기보다 그 표현이 나올 때마다 해당하는 문장을 소리 내어 읽는 것이 좋아요. 반복하다 보면 시간이 지나면서 자연스럽게 알 수 있답니다.

Lesson 2

일상 영어,
기본이
탄탄해지는 표현

이제 여러분의 이름이나 상태뿐 아니라 좋아하는 것과 하고 싶은 것, 싫어하는 것과 하고 싶지 않은 것도 영어로 말하고 싶지 않나요? 여러분이 보고 들은 것을 다른 사람에게 영어로 말해 주고 싶을 거예요. 영어로 말을 더욱 풍부하게 하기 위해서는 일반동사가 필요해요. 이번 단원에서는 일반동사로 할 수 있는 여러 표현을 배워 봐요.

영어 단어 외우는 방법

영어 공부의 기본은 무엇일까요? 바로 단어입니다. 단어를 많이 알아야 영어로 말할 수도, 쓸 수도 있으니까요. 단어를 효과적으로 외우는 방법을 알려드릴게요.

먼저, 단어를 소리 내어 읽으면서 손으로 철자를 써 봐야 해요. 손으로만 쓰거나 소리내기만 하면 기억이 오래 남지 않아요. 두 가지 방법을 동시에 여러 번 해야 합니다. 두 번째로, 매일 반복합니다. 매일 새로운 단어를 30개를 외우려고 하지 말고, 오늘 10개, 내일 그 단어를 포함하여 20개, 다음날은 또 그 단어를 포함하여 30개를 공부합니다. 영어 단어 교재를 여러 권 공부하는 것보다 한 권의 교재를 여러 번 보는 것이 좋아요.

마지막으로 새로운 단어와 알고 있던 단어의 개념을 연결해서 기억해 보세요. 예를 들어, happy(행복한) 앞에 un이 붙어 unhappy(불행한)라는 반대 의미의 단어를 알게 되면 fair(공평한), unfair(불공평한)도 금방 연결이 되지요. 꾸준히 반복해서 외우면 자신만의 공부 방법도 발견할 수 있답니다.

Day 21

I love **this place.**

난 이곳을 정말 좋아해.

[I love~] : 나는 ~을 사랑한다, 매우 좋아한다

나는 ~을(를) 사랑해'라는 의미지만 꼭 사랑 고백에서만 쓰는 것은 아니에요. 정말 좋아하는 것을 말할 때 가장 많이 쓰는 표현이에요. 내가 사랑하는 대상은 가족이나 친구가 될 수도 있고, 물건이나 장소, 풍경이 될 수도 있어요.

Key Sentence

- **I love** her voice. 난 그녀의 목소리를 정말 좋아해.
- **I love** science, too. 나는 과학을 정말 좋아해.

Every Conversation

A. IU is my favorite singer. 아이유는 내가 가장 좋아하는 가수야.

B. Me too, **I love** her voice. 나도 그래. 난 그녀의 목소리를 정말 좋아해.

A. My favorite subject is science. 내가 가장 좋아하는 과목은 과학이야.

B. Really? **I love** science, too. 정말? 나도 과학을 정말 좋아해.

Grammar Point

먹다, 움직이다, 놀다 등, be동사를 제외한 모든 동사를 일반동사라고 해요. 주어의 동작이나 움직임을 나타내지요. 우리말은 동사가 제일 나중에 오죠? 하지만 영어에서는 주어 다음에 바로 동사가 와요. 주어 다음에 바로 동사를 말하는 연습을 많이 해야 해요.

나는 공원에 간다 ⟹ **I / go / to a park.**
나는 / 간다 / 공원에

 More expressions

I live in Busan. 나는 부산에 살아.

I eat an apple every morning. 나는 매일 아침 사과를 먹어.

Let's Practice!

01 나는 이 색깔이 정말 좋아.   *this color / I love*

02 나는 매일 아침 우유를 마셔.   *I drink / every day / milk*

Word

• **place** 장소 • **voice** 목소리 • **science** 과학 • **live** 살다 • **drink** 마시다

정답 1. I love this color. 2. I drink milk every day.

Day 22

You have **a cat.**

너는 고양이를 키우는구나.

[You have~] : 너는 ~을 가지고 있다

'너는 ~을 가지고 있구나, 키우는구나, 먹구나, 겪고 있구나' 등 다양한 상황에 쓸 수 있는 표현이에요. 상대방의 현재 상태나 상황을 말할 때 사용할 수 있지요. 문장을 통째로 외워 두면 실제 상황에서 유용하게 사용할 수 있겠죠?

Key Sentence

- **You have** a headache. 너 두통이 있구나.
- **You have** fruits for breakfast. 너는 아침으로 과일을 먹는구나.

Every Conversation

A. You have a headache. 너 두통이 있구나.

B. Yes, I am very sick today. 응. 너무 아파.

....

A. You have fruits for breakfast. 너는 아침으로 과일을 먹는구나.

B. Yes, fruits are good for health. They are rich in vitamin C.

응. 과일이 몸에 좋잖아. 비타민 C를 많이 가지고 있고.

Grammar Point

대화에 참여하는 방식에 따라 대상이 달라져요. 말하는 사람은 1인칭, 듣는 사람은 2인칭, 그리고 1인칭과 2인칭을 뺀 나머지를 3인칭이라고 해요. 영어에서는 I, we가 1인칭, you가 2인칭, he, she, it, they가 3인칭입니다. 3인칭 중 he, she, it이 주어일 경우에는 have가 has로 바뀐다는 사실을 알아두세요.

She have (X) / She has (O)

 **More expressions**

She has blue eyes. 그녀는 파란 눈을 가지고 있어.

He has pizza on Saturdays. 그는 매주 토요일에 피자를 먹어.

Let's Practice!

01 Joe는 강아지 한 마리를 키우고 있지.　*a puppy / Joe has*

02 나는 아침 7시에 밥을 먹어.　*I have / at 7 a.m. / breakfast*

 Word

- **headache** 두통　• **fruit** 과일　• **health** 건강
- **rich** 풍부한, 부유한　• **on Saturdays** 매주 토요일, 토요일마다

정답 1. Joe has a puppy.　2. I have breakfast at 7 a.m.

This blender works **well.**

이 믹서기는 잘 작동해.

[물건 / it works] : 작동하고 있다, 효과가 있다

work는 기본적으로 '일하다'라는 뜻이 있어요. 사람이 아닌 사물이 주어일 때 '작동하다, 효과 있다'라는 의미가 있답니다. 문제를 해결할 때, 기계를 작동할 때, 모두 'work'로 이야기할 수 있다니 신기하죠?

Key Sentence

- **This dryer works** well. 이 드라이어는 잘 작동해.
- **This medication works** for headaches.
  이 약은 두통에 효과가 있어.

Every Conversation

A. How much is this dryer? 이 드라이어는 얼마인가요?

B. It's $100. **It works** well. 100달러입니다. (이 드라이어는) 잘 작동해요.

- -

A. You have a headache. **This medication works** for headaches.
   너 두통이 있지. 이 약은 두통에 효과가 있어.

B. Thanks a lot. 고마워.

Grammar Point

3인칭 단수(he, she, it)인 주어의 현재 동작이나 상황을 표현할 때는 동사 끝에 -s(es)를 붙여요. 소리 내어 읽으면서 동사의 철자를 확인하세요.

More expressions

It stops every 30 minutes. 그것은 30분마다 멈춰.

He eats hamburgers for lunch. 그는 점심으로 햄버거를 먹는다.

Let's Practice!

01 그 에어컨은 작동한다. *works / the air conditioner*

02 그는 매일 아침 자전거를 탄다. *he / every morning / rides / a bike*

Word

- **blender** 믹서기, 분쇄기 • **dryer** 건조기, 드라이어 • **medication** 약
- **work** 일하다, 작동하다, 효과가 있다 • **headache** 두통

정답 1. The air conditioner works. 2. He rides a bike every morning.

Day 24

I want to be **a singer.**

나는 가수가 되고 싶어.

[I want to be~] : ~가 되고 싶다

[I want to be~]는 직업을 가지고 싶거나 어떤 상태가 되기를 원할 때 사용해요. '워너비(wannabe)'라는 말을 들어 보셨나요? 닮고 싶은 사람을 말할 때 쓰는데, 바로 이 'want to be'에서 나온 말이지요. 여러분의 '워너비'를 영어로 말해 보세요.

Key Sentence

- I want to be a vet. 나는 수의사가 되고 싶어.
- He wants to be a dancer. 그는 춤추는 사람이 되고 싶대.

Every Conversation

A. What do you want to be? 너는 뭐가 되고 싶어?

B. **I want to be** a vet. I love animals.

나는 수의사가 되고 싶어. 동물을 좋아하거든.

A. **Jaden wants to be** a dancer. Jaden은 춤추는 사람이 되고 싶대.

B. Wow! He really loves dancing. 와! 그는 춤추는 것을 정말 좋아하는구나.

Grammar Point

want는 '원하다'라는 뜻으로 뒤에 원하는 대상이 나와요. 음식, 과목, 가수처럼 이름(명사)을 넣으면 돼요. '(그림을) 그리다' '달리다'와 같은 움직임을 원한다고 말할 때는 want 뒤에 'to + 동사' 형태가 나와야 해요.

More expressions

I **want** a teddy bear. 난 곰 인형을 원해.

He **wants to play** in the park. 그는 공원에서 놀기를 원해.

*a teddy bear = 대상(곰인형 : 명사)
*play = 움직임(놀다 : 동사)

Let's Practice!

01 나는 화가가 되고 싶어.   *I want / a painter / to be*

02 우리는 오늘 밤 영화를 보고 싶어.   *We want / to watch / tonight / a movie*

Word

- **want** 원하다 • **vet** 수의사 • **animal** 동물 • **dancing** 춤
- **painter** 화가

정답 1. I want to be a painter. 2. We want to watch a movie tonight.

Day 25

I enjoy swimming in the pool.

나는 수영장에서 수영하는 것을 즐겨.

[I enjoy] : 나는 ~을 즐긴다

단순히 좋아하는 것뿐 아니라 좋아서 자주 하는 것, 직접 경험하면서 즐거움을 느끼는 것을 표현할 때 사용할 수 있어요. 여러분은 즐기는 음식이나 취미가 있나요?

Key Sentence

- **I enjoy** playing soccer with my friends.

  난 친구들과 축구하는 것을 즐겨.

- **I enjoy** eating pizza every Friday.

  나는 매주 금요일에 피자 먹는 것을 즐겨.

Every Conversation

A. **I enjoy** playing soccer with my friends.

난 친구들과 축구하는 것을 즐겨.

B. Yes, you practice kicking every day.

그래. 너는 매일 공차기 연습을 하더라.

A. **I enjoy** eating pizza every Friday.

나는 매주 금요일에 피자 먹는 것을 즐겨.

B. You really love pizza. 너는 피자를 정말 좋아하는구나.

enjoy는 '즐기다'라는 뜻으로 뒤에 즐기는 대상이 나와요. 대상을 쓸 때는 주의할 점이 있는데요. 음식, 과목, 가수처럼 이름(명사)을 말할 때는 그 단어를 그대로 쓰면 되지만 '(그림을) 그리다', '달리다'와 같은 움직임을 말할 때는 '동사ing' 형태로 표현해야 해요.

> 이름(명사를 말할 때) : enjoy + 이름(명사)
> 움직임(동사를 말할 때) : enjoy + 동사ing

More expressions

I **enjoy strawberry ice cream.** 난 딸기 아이스크림을 즐겨 먹어.

They **enjoy riding** their bikes. 그들은 자전거 타는 것을 즐겨.

*strawberry ice cream : 대상
*riding : 움직임

Let's Practice!

01 나는 공상 과학 소설을 즐겨 읽어. *I enjoy / science fiction / reading*

02 나는 주말마다 야외에서 햇볕을 즐겨. *I enjoy / every weekend / outside / the sunshine*

Word

> • **enjoy** 즐기다 • **practice** 연습하다 • **kick** 차다
> • **sunshine** 햇볕 • **fiction** 소설

정답 1. I enjoy reading science fiction.
　　　2. I enjoy the sunshine outside every weekend.

A. 이제까지 배운 대표 다섯 문장을 점검해 봐요. 15초 안에 대답하면 성공!

21	난 이곳을 정말 좋아해.
22	너는 고양이를 키우는구나.
23	이 믹서기는 잘 작동해.
24	나는 가수가 되고 싶어.
25	나는 수영장에서 수영하는 것을 즐겨.

B. 이제 단어를 바꿔서 말해 볼까요? 패턴을 기억해서 말해 보세요.

21	난 그녀의 목소리를 정말 좋아해.
22	너 두통이 있구나.
23	이 약은 두통에 효과가 있어.
24	그는 공원에서 놀기를 원해.
25	그들은 자전거 타는 것을 즐겨.

A. 정답 21. I love this place. 22. You have a cat. 23. This blender works well.
24. I want to be a singer. 25. I enjoy swimming in the pool.

B. 정답 21. I love her voice. 22. You have a headache.
23. This medication works for headaches. 24. He wants to play in the park.
25. They enjoy riding their bikes.

일반동사가 뭐예요?

주어의 행동이나 동작을 나타내는 동사로 be동사를 제외한 모든 동사를 말해요.

1. 일반동사 현재형 : 3인칭 단수(he/she/it)일 때 변해요.

규칙	예시
동사원형 → -s (대부분 일반동사)	brings, runs, sleeps, says, sees, tells, visits 등
자음 + y → -ies	carry → carries, fly → flies, try → tries 등
-o, -s, -x, -ch, -sh, → -es	access → accesses, catch → catches, do → does 등
불규칙	have → has

2. 일반동사 과거형 : 1인칭, 2인칭, 3인칭 모두 같아요.

규칙	예시
동사원형 → -ed (대부분 일반동사)	cooked, cleaned, enjoyed, looked, opened, played 등
e로 끝나면 → -d	close → closed, like → liked, live → lived 등
단모음+단자음 단어는 단자음을 한 번 더 쓰고 → -ed	drop → dropped, plan → planned, stop → stopped 등
자음 + y → -ied	carry → carried, cry → cried, dry → dried 등
불규칙	(97p 참고)

He makes me laugh.

그는 나를 웃게 해.

[~make(s) me…] : ~는 나를 …하게 하다

누군가가 또는 무엇이 나를 어떤 상태로 만드는 것을 표현할 때 사용해요. 여러분을 웃게 하거나 행복하게 하는 사람, 취미, 또는 음식을 말할 때 유용한 표현이지요. 물론 슬프게 하거나 화나게 하는 것을 표현할 때도 사용할 수 있어요.

Key Sentence

- You make me smile. 너는 나를 웃게 해.
- Their music makes me dance. 그들의 음악은 나를 춤추게 만들어.

Every Conversation

A. You **make me** smile.   너는 나를 웃게 해.

B. I'm happy to hear that.   그런 말을 들으니 기뻐.

A. I love BTS.   나는 BTS가 정말 좋아.

B. Me, too. Their music **makes me** dance.

나도 그래. 그들의 음악은 나를 춤추게 만들어.

make는 의미에 따라 문장 형태가 다릅니다. 크게 세 가지로 볼 수 있어요.

> ① ~이 (명사)를 만들다
> ② ~이 (명사)를 (동사)하게 시키다
> ③ ~이 (명사)를 (형용사)하게 하다

More expressions

[~이 (명사)를 만들다]
We **make** delicious chocolate cake. 우리는 맛있는 초코케이크를 만든다.

[~이 (명사)를 (동사)하게 시키다]
My mom **makes** me do the dishes. 엄마가 나에게 설거지를 하게 시킨다.

[~이 (명사)를 (형용사)하게 하다]
She **makes** me happy. 그녀는 나를 행복하게 한다.

Let's Practice!

01 너는 나를 화나게 하는구나! *you make / angry / me !*

02 그 작가는 이야기를 재미있게 만들어. *the story / the writer makes / interesting*

Word

- **laugh** (소리 내어) 웃다 • **smile** 미소 짓다 • **hear** 듣다 • **angry** 화난
- **writer** 작가 • **do the dishes** 설거지하다

정답 1. You make me angry! 2. The writer makes the story interesting.

My mom tells me to clean my room.

엄마는 나에게 내 방을 청소하라고 말하신다.

[~tell(s) me to…] : ~가 나에게 …라고 말하다

'~가 나에게 …라고 말하다'라는 의미입니다. 누군가가 여러분에게 요청하거나 (ask), 말하는(tell) 경우가 있죠? 이럴 때 사용하는 표현이에요. 요청하거나 말하는 내용은 to 다음에 붙이세요.

Key Sentence

- My parents tell me to wake up earlier.
  부모님께선 나에게 일찍 일어나라고 말씀하시지.

- My teacher asks me to read aloud in class.
  선생님께선 나에게 수업 시간에 소리 내어 읽으라고 하시지.

Every Conversation

A. My parents **tell me to** wake up earlier.
   부모님께서 나에게 일찍 일어나라고 말씀하시지.

B. It is important to have a regular life.
   규칙적인 생활을 하는 것은 중요해.

A. My teacher **asks me to** read aloud in class.
   선생님께선 나에게 수업 시간에 소리 내어 읽으라고 하시지.

B. It is helpful to read aloud. 소리 내어 읽는 것은 도움이 되지.

Grammar Point

상대방에게 '~하지 마라'고 말하거나 요청할 때는 [주어 + tell(s)/ask(s) + not to 동사]로 표현하면 됩니다. 어떤 행동을 금지하는 말을 할 때 사용해요.

More expressions

My mom **tells me not to** stay up too late.
엄마는 나에게 너무 늦게 자지 말라고 하신다.

The dentist **asks the patient not to** eat too much candy.
치과 의사는 환자에게 사탕을 너무 많이 먹지 말라고 한다.

Let's Practice!

01 엄마는 나보고 동생에게 친절히 하라고 말씀하신다.

my mom tells / to be nice / me / to my sister

02 선생님은 학생들에게 떠들지 말라고 요청하신다.

the students / the teacher asks / not to make noises

Word

- **clean** 청소하다 · **aloud** 소리 내어 · **stay up** 안 자다
- **dentist** 치과 의사 · **patient** 환자

정답 1. My mom tells me to be nice to my sister.
　　2. The teacher asks the students not to make noises.

Day 28

I don't know.

나는 몰라.

[I don't know~] : 나는 몰라

상대방의 질문에 대해 잘 모를 때는 [I don't know~]를 사용합니다. 어떤 것을 모르는지 구체적인 내용이나 상황을 말하고 싶다면 뒤에 그 내용을 이어 말하면 됩니다.

Key Sentence

• I don't know his name. 나는 그의 이름을 몰라.

• I don't know them. 나는 그들을 몰라.

Every Conversation

A. What's the man's name? 그 남자 이름 뭐야?

B. I don't know his name. 나는 그의 이름을 몰라.

- -

A. Who are they? 그들은 누구니?

B. I don't know them. 나는 그들을 몰라.

Grammar Point

일반동사의 부정문을 만들 때는 'do not'을 사용합니다. 줄여서 don't라고 표현하지요. don't를 사용해서 원하지 않는 것, 즐기지 않는 것을 말할 수 있어요. 순서는 [주어 + don't + 동사]랍니다.

More expressions

I don't want to go there. 나는 그곳에 가고 싶지 않아.

I don't enjoy swimming. 나는 수영을 즐기지 않아.

Let's Practice!

01 나는 그 회사 몰라.　　　*don't / I / know / the company*

02 나는 버섯을 먹지 않아.　　*don't / I / mushrooms / eat*

Word

- **know** 알다 · **swimming** 수영 · **company** 회사
- **eat** 먹다 · **mushroom** 버섯

정답 1. I don't know the company. 2. I don't eat mushrooms.

Day 29

Dad doesn't work on Saturdays.

아빠는 토요일에 일하지 않아.

[doesn't 동사] : ~하지 않다

doesn't는 he, she, it처럼 3인칭이 하지 않는 것을 표현할 때 사용합니다. 주어가 1인칭이나 2인칭이면 don't를 사용하지요. 자신분 아니라 다른 사람의 행동이나 상황도 말해 보세요.

 Key Sentence

- **It doesn't** work. 그것은 작동되지 않아.
- **The store doesn't** open on Sundays. 그 가게는 일요일에 열지 않아.

 Every Conversation

A. It is too hot. Please turn on the air conditioner.
너무 더워. 에어컨을 켜.

B. **It doesn't** work. 그것은 작동되지 않아.

A. I want to go to a new restaurant downtown.
나는 시내에 새로 생긴 식당에 가고 싶어.

B. **The store doesn't** open on Sundays. 그 가게는 일요일에 열지 않아.

Grammar Point

일반동사의 부정문을 만들 때 주어가 I, you, we, they이면 do not을 써요. 한편 he, she, it, 물건이나 장소 이름이 주어일 때는 does not을 씁니다. 주어를 바꾸면서 문장을 만들어 보고 소리 내어 읽어 보세요.

> I, you, we, they + do not
> he, she, it + does not

 More expressions

They don't meet each other. 그들은 서로 만나지 않아.

He doesn't solve the math problem. 그는 수학 문제를 풀지 않아.

Let's Practice!

01 그녀는 영어를 가르치지 않아.   *she / teach / English / doesn't*

02 우리는 그 공원에 가지 않아.   *don't / go / we / to the park*

Word

> • open 열다 • meet 만나다 • each other 서로
> • solve 풀다 • teach 가르치다

정답 1. She doesn't teach English. 2. We don't go to the park.

Day
30

You don't like cats,
do you?

너는 고양이를 좋아하지 않지, 그렇지?

[do 주어?] : 그렇지?
[don't 주어?] : 그렇지 않니?

일반동사가 있는 문장을 말하면서 상대방에게 동의를 구하거나 확인할 때 사용하는 표현입니다. do나 does를 활용해서 문장의 맨 뒤에 붙여요. 주어가 1, 2인칭이면 do, 3인칭이면 dose를 사용해요.

Key Sentence

- You have a dog, don't you? 너는 강아지를 키우지, 그렇지 않니?
- They eat meat, don't they? 그들은 고기를 먹지, 그렇지 않아?

Every Conversation

A. You have a dog, **don't you?** 너는 강아지를 키우지, 그렇지 않니?

B. Yes, I have a golden retriever.

응. 나는 골든레트리버 한 마리를 키우고 있어.

A. They eat meat, **don't they?** 그들은 고기를 먹지, 그렇지 않아?

B. No, they don't eat meat. 아니. 그들은 고기를 먹지 않아.

Grammar Point

부가의문문을 쓸 때는 꼭 주어를 잘 살펴보세요. 주어에 따라 do나 does를 써야
하니까요. be동사의 부가의문문과 마찬가지로 앞에서 진술하는 문장이 긍정이면
부정 부가의문문, 부정이면 긍정 부가의문문을 쓰는 것도 잊지 마세요.

More expressions

The shop has unique hats, **doesn't it?**
그 가게에는 독특한 모자가 있어, 그렇지 않니?

Tony doesn't study history, **does he?** Tony는 역사를 공부하지 않아, 그렇지?

*앞 문장 긍정 : 부정 부가의문문
*앞 문장 부정 : 긍정 부가의문문

Let's Practice!

01 너는 토요일마다 수영을 가지,
그렇지 않니?

don't you / you / to swim / go /
on Saturdays,　?

02 그는 운동하지 않아, 그렇지?

exercise, / doesn't / he / does he　?

Word

• **meat** (육류) 고기　• **any** 어떤　• **history** 역사
• **unique** 고유한, 독특한　• **exercise** 운동하다

정답 1. You go to swim on Saturdays, don't you? 2. He doesn't exercise, does he?

A. 이제까지 배운 대표 다섯 문장을 점검해 봐요. 15초 안에 대답하면 성공!

26	그는 나를 웃게 해.
27	엄마는 나에게 내 방을 청소하라고 말하신다.
28	나는 몰라.
29	아빠는 토요일에 일하지 않아.
30	너는 고양이를 좋아하지 않지, 그렇지?

B. 이제 단어를 바꿔서 말해 볼까요? 패턴을 기억해서 말해 보세요.

26	너는 나를 화나게 하는구나!
27	엄마는 나에게 너무 늦게 자지 말라고 하신다.
28	나는 버섯을 먹지 않아.
29	우리는 그 공원에 가지 않아.
30	그는 운동하지 않아, 그렇지?

A. 정답 26. He makes me laugh. 27. My mom tells me to clean my room.
28. I don't know. 29. Dad doesn't work on Saturdays. 30. You don't like cats, do you?

B. 정답 26. You make me angry! 27. My mom tells me not to stay up too late.
28. I don't eat mushrooms. 29. We don't go to the park. 30. He doesn't exercise, does he?

동사의 변화(1) 불규칙동사표

동사가 과거일 때와 과거분사 형태가 될 때 원래의 동사에 '-ed'가 붙는 규칙을 가지고 있어요. 그런데 이 규칙을 따르지 않는 단어가 많이 있어요. 이것들은 반드시 따로 외워 두어야 해요.

	원형	과거형	과거분사형	뜻
A-A-A형	cut	cut	cut	자르다
	hit	hit	hit	치다
	hurt	hurt	hurt	상처를 입히다
	let	let	let	~하게 하다
	put	put	put	~을 놓다
	read	read	read	읽다
	upset	upset	upset	화나게 하다

*read는 발음에 주의

	원형	과거형	과거분사형	뜻
A-B-B형	bring	brought	brought	가져오다
	build	built	built	세우다, 짓다
	buy	bought	bought	사다
	catch	caught	caught	잡다
	feel	felt	felt	느끼다
	fight	fought	fought	싸우다
	find	found	found	찾다
	have	had	had	가지고 있다

More Tips!

	원형	과거형	과거분사형	뜻
A-B-B형	hear	heard	heard	듣다
	keep	kept	kept	유지하다
	leave	left	left	떠나다, 남겨두다
	lose	lost	lost	길을 잃다, 잃어버리다
	make	made	made	만들다
	meet	met	met	만나다
	say	said	said	말하다
	sell	sold	sold	팔다
	send	sent	sent	보내다
	sit	sat	sat	앉다
	sleep	slept	slept	잠자다
	spend	spent	spent	(시간, 돈 등을) 낭비하다
	stand	stood	stood	일어서다
	teach	taught	taught	가르치다
	tell	told	told	말하다
	think	thought	thought	생각하다
	understand	understood	understood	이해하다
	win	won	won	이기다

More Tips!

	원형	과거형	과거분사형	뜻
A-B-C형	begin	began	begun	시작하다
	break	broke	broken	깨뜨리다
	do	did	done	하다
	draw	drew	drawn	그리다
	drink	drank	drunk	마시다
	drive	drove	driven	운전하다
	eat	ate	eaten	먹다
	fall	fell	fallen	떨어지다
	fly	flew	flown	날다
	give	gave	given	주다
	know	knew	known	알다
	ride	rode	ridden	타다
	ring	rang	rung	울리다
	see	saw	seen	보다
	sing	sang	sung	노래하다
	speak	spoke	spoken	말하다
	swim	swam	swum	수영하다
	take	took	taken	가져가다
	throw	threw	thrown	던지다
	wear	wore	worn	입다
	write	wrote	written	쓰다

Day 31

Do you want to build a snowman?

너는 눈사람을 만들고 싶어(눈사람 만들래)?

[Do you want~?] : ~하고 싶어?, ~할래?

상대방에게 무엇인가를 권유하거나 생각을 물을 때 흔하게 사용하는 표현이에요. 친한 사이에서 나눌 수 있어요. 사물이나 물건을 원하는지 물어볼 때는 [want + 명사], 어떤 행동을 원하는지 물어볼 때는 [want to + 동사원형] 형태가 옵니다.

Key Sentence

- **Do you want** some water? 물 마실래?
- **Do you want** to come over to my house tonight?
  오늘 밤에 우리 집에 올래?

Every Conversation

A. I'm so thirsty. 목말라.

B. Do you want some water? 물 마실래?

A. Do you want to come over to my house tonight?
오늘 밤에 우리 집에 올래?

B. I'm sorry, I have other plans tonight. 미안해, 오늘 다른 계획이 있어.

Grammar Point

[Do you want me to 동사?]는 '내가 ~할까?'라는 의미로, 상대방이 원하는 것을 눈치채고 먼저 말하는 표현입니다. [Do you want~?]와는 다른 표현이니 상황에 맞게 말해 보세요.

More expressions

Do you want me to help you? 내가 도와줄까?

Do you want me to bring you a glass of water?
내가 물 한 잔 갖다줄까?

Let's Practice!

01 공원 갈래?　　　　　　*do you want / to the park / to go　?*

02 내가 책 읽어 줄까?　　*me / to read / do you want / a book　?*

Word

- **build** 세우다, 만들다　· **some** 약간의　· **come over** 들르다
- **plan** 계획　· **help** 돕다

정답 1. Do you want to go to the park? 2. Do you want me to read a book?

Day
32

Do you have any questions?

너는 질문이 있니?

[Do you have~?] : 너는 ~가 있니?

상대방에게 어떤 물건을 가졌는지, 어떤 상태에 있는지 물어보는 표현입니다. 상대방에게 궁금한 점이 있어 물어보고 싶은 상황에서 자주 사용할 수 있어요. 질문에 대한 대답은 [Yes, I do / No, I don't]로 할 수 있어요.

Key Sentence

- **Do you have** any pets? 너는 애완동물 있니?
- **Do you have** any plans for the weekend? 너는 주말에 계획 있니?

Every Conversation

A. **Do you have** any pets? 너는 애완동물 있니?

B. No, I don't. My family doesn't like animals.

아니. 없어. 우리 가족은 동물을 좋아하지 않거든.

A. **Do you have** any plans for the weekend? 너는 주말에 계획 있니?

B. Nothing special. 특별히 없어.

Grammar Point

구체적이지 않은 물건, 사물, 사람의 양을 말할 때는 any와 some을 사용할 수 있어요. some은 '몇몇, 어떤, 일부'라는 의미로 긍정적으로 진술하는 문장이나 요청하는 의문문에서 사용해요. any는 '아무, 전혀 없는, 아무거나'라는 의미로 부정적으로 진술하는 문장이나 물어보는 의문문에 사용해요. 상황에 맞게 구분해서 써 보세요.

 More expressions

Do you have some extra batteries?
너는 여분의 건전지를 가지고 있니? (건전지 요청)

Do you have any concerns about the project?
너는 그 과제에 대해 걱정이 있니? (걱정 여부에 대한 질문)

Let's Practice!

01 파티에 관한 아이디어 있어?
any ideas / do you have / for the party ?

02 나중에 이야기할 시간 있어?
to chat / some time / do you have / later ?

 Word

- **question** 질문 • **pet** 애완동물 • **nothing** 아무것도 아닌 것
- **battery** 건전지 • **concern** 우려, 걱정

정답 1. Do you have any ideas for the party?
2. Do you have some time to chat later?

Does she like to take pictures?

그녀는 사진 찍는 것을 좋아해?

[Dose she~] : ~는 ~해?

3인칭 주어와 일반동사가 쓰인 문장의 의문문은 어떻게 만들까요? Dose를 맨 앞에 넣어서 [Dose she(he/it)~] 형태로 만들면 돼요. 3인칭 단수의 일반적인 행동이나 상황을 물어볼 수 있어요. 질문에 대한 대답은 [Yes, she(he/it) does / No, she(he/it) doesn't]로 할 수 있어요.

Key Sentence

- **Does it** snow often in this city? 이 도시에는 눈이 자주 오니?
- **Does Jenny** like to draw pictures? Jenny는 그림 그리는 것을 좋아해?

Every Conversation

A. **Does it** snow often in this city? 이 도시에는 눈이 자주 오니?

B. No, it doesn't. 아니, 그렇지 않아.

A. **Does Jenny** like to draw pictures? Jenny는 그림 그리는 것을 좋아해?

B. Yes, she does. She wants to be a painter.
   응. 그녀는 화가가 되고 싶어 해.

Grammar Point

3인칭 단수의 현재 문장을 만들 때 일반동사의 경우 동사 뒤에 -(e)s를 붙였지요. 그런데 의문문이나 부정문에서는 붙이지 않아요. 의문문과 부정문을 만들 때 사용하는 does에 이미 -(e)s가 붙어 있으니까요. 꼭 -(e)s를 두 번 붙이는 실수를 하지 않도록 주의하세요!

More expressions

Tony **studies** English.   Tony는 영어 공부를 해. (평서문)

Does Tony **study** English?   Tony는 영어를 공부하니? (의문문)

Tony **doesn't study** English.   Tony는 영어 공부를 하지 않아. (부정문)

Let's Practice!

01 그는 이번 주 일요일에 일하니?   *on this Sunday / does he work   ?*

02 그것은 작동이 잘 되니?   *well / does it work   ?*

W**ord**

- **take a picture** 사진을 찍다 - **often** 자주, 종종 - **city** 도시
- **draw** 그리다 - **painter** 화가

정답 1. Does he work on this Sunday? 2. Does it work well?

What do you think of this book?

이 책에 대해 어떻게 생각하니?

[What do you think of~?] : 너는 ~에 대해 어떻게 생각하니?

상대방의 의견을 묻는 표현이에요. of 대신 about도 사용할 수 있어요. of나 about 뒤에 의견을 묻는 대상이 명사로 와야 합니다.

Key Sentence

- **What do you think of** our new teacher?

  우리 새로운 선생님 어떻게 생각해?

- **What do you think of** the new art exhibition in the museum?

  그 박물관의 새로운 미술전시에 대해 어떻게 생각해?

Every Conversation

A. What do you think of our new teacher?

우리 새로운 선생님 어떻게 생각해?

B. I think that she is strict. 그녀는 엄격한 것 같아.

A. What do you think of the new art exhibition in the museum?

그 박물관의 새로운 미술전시에 대해 어떻게 생각해?

B. It was great. I loved the artwork.

멋있었어. 나는 예술작품들이 정말 좋아어.

Grammar Point

의문사를 활용하여 의문문을 만들 때는 의문사를 문장 맨 앞으로 가져와요. 어순은 [의문사 + do(does) + 주어 +동사?]예요. 단, 주어를 물어보는 의문문은 who 다음에 바로 동사가 와요.

More expressions

Where do you usually stay on weekends?
너는 주로 주말마다 어디에서 머물러?

Who sings a song outside? 누가 밖에서 노래를 부르지?

Let's Practice!

01 이 사진에 대해 어떻게 생각하니? *think of / this picture / what do you ?*

02 시내에 새로 생긴 식당에 대해 어떻게 생각하니? *the new restaurant / in town / what do you / think of   ?*

Word

- **think** 생각하다 • **strict** 엄격한 • **art** 예술
- **exhibition** 전시회 • **museum** 박물관

정답 1. What do you think of this picture?
      2. What do you think of the new restaurant in town?

How long does it take to get there?

거기에 가는 데 얼마나 걸리니?

[How long does it take to~?] : ~하는 데 얼마나 걸리니?

어떤 일을 하거나 길을 찾아갈 때 걸리는 시간을 물어보는 표현이에요. how long 은 '얼마나 오래'라는 표현으로 소요 시간을 묻는 의문사이고, take는 '(시간이) 걸리다'라는 뜻이지요. 통째로 외워 두면 쓰임이 많은 표현입니다.

- **How long does it take to** finish the project?
  그 일을 마치는 데 얼마나 걸려?

- **How long does it take to** get to the airport by taxi?
  택시로 공항까지 얼마나 걸리니?

 Every Conversation

A. How long does it take to finish the project?
그 일을 마치는 데 얼마나 걸려?

B. I don't know for sure, but it's not that long.
확실히는 모르겠지만, 오래 걸리지 않을 거야.

A. How long does it take to get to the airport by taxi?
택시로 공항까지 얼마나 걸리니?

B. Around 15 minutes. 15분 정도.

Grammar Point

'시간이 ~만큼 걸리다'라고 할 때는 [It takes + 시간]의 형태로 대답할 수 있습니다. 구체적인 일과 그 일을 하는 주체를 나타낼 때는 [It takes + 사람 + 시간]으로 표현하면 돼요.

More expressions

It takes an hour to finish the project. 그 과제를 마치는 데 1시간 걸려.

It takes you 20 minutes to get there. 너는 거기 도착하는 데 20분 걸려.

Let's Practice!

01 런던에서 서울까지 비행하는 데 얼마나 걸리지? from London / how long / to fly / does it take / to Seoul   ?

02 피자 만드는 데 2시간 걸려. two hours / to make / it takes / pizza

Word

- **finish** 마치다 · **project** 과제, 일 · **for sure** 확실히
- **a couple of weeks** 2주 · **get to** ~에 도착하다

정답 1. How long does it take to fly from London to Seoul?
2. It takes two hours to make pizza.

Review!

A. 이제까지 배운 대표 다섯 문장을 점검해 봐요. 15초 안에 대답하면 성공!

31	너는 눈사람을 만들고 싶어(눈사람 만들래)?
32	너는 질문이 있니?
33	그녀는 사진 찍는 것을 좋아해?
34	이 책에 대해 어떻게 생각하니?
35	거기에 가는 데 얼마나 걸리니?

B. 이제 단어를 바꿔서 말해 볼까요? 패턴을 기억해서 말해 보세요.

31	내가 도와줄까?
32	너는 주말에 계획 있니?
33	이 도시에는 눈이 자주 오니?
34	이 사진에 대해 어떻게 생각하니?
35	피자 만드는 데 2시간 걸려.

A. 정답 31. Do you want to build a snowman? 32. Do you have any questions?
33. Does she like to take pictures? 34. What do you think of this book?
35. How long does it take to get there?

B. 정답 31. Do you want me to help you? 32. Do you have any plans for the weekend?
33. Does it snow often in this city? 34. What do you think of this picture?
35. It takes two hours to make pizza.

영어의 격

명사를 대신하는 단어로 대명사가 있지요. 대명사는 문장의 위치에 따라 역할이 달라집니다. 이를 '격(case)'이라고 하는데요. 영어에서는 격을 명확하게 밝혀주는 것이 중요해요.

격에는 주격, 소유격, 목적격이 있어요. 먼저 주격은 주어 자리에 오고 누가 그 행동의 주체인지 나타냅니다. 우리말로 '~은/는/이/가'가 붙어요. 소유격은 소속을 나타내는 것으로 '~의'란 의미지요. 마지막으로 목적격은 대상을 나타내고 우리말로 '~을/~를'로 해석합니다.

	인칭	주격	소유격	목적격	소유대명사
단수	1인칭	I	my	me	mine
	2인칭	you	your	you	yours
	3인칭	he	his	him	his
		she	her	her	hers
		it	its	it	–
복수	1인칭	we	our	us	ours
	2인칭	you	your	you	yours
	3인칭	they	their	them	theirs

*소유대명사(~의 것)는 격에는 해당하지 않지만, 같이 외워 두면 좋아요.

- I am a student.   **나는** 학생이다. (주격)
- It is **my** book.   그것은 **나의** 책이다. (소유격)
- She loves **me**.   그녀는 **나를** 사랑한다. (목적격)
- This is **mine**.   이것은 **나의 것**이다. (소유대명사)

Day
36

I saw him riding a bike at the park.

나는 그가 공원에서 자전거를 타는 것을 보았어.

[I saw + 명사(목적격) + 동사원형(동사ing)] : 나는 (명사)가 (동사)하는 것을 보았다

보고, 듣고, 냄새를 맡고, 느껴서 알게 된 정보를 이야기할 때가 있지요. 이럴 때 사용하는 동사를 지각동사라고 해요. 누가 어떤 행동을 하는 것을 보았거나, 어떤 소리를 내는 것을 들었거나 등은 나중에 이야기할 때가 많아요. 그래서 동사의 과거형을 사용하게 되지요(동사의 과거형에 대해서는 85p 참고).

- I **saw** him **stealing** some bread at the bakery.
  나는 그가 빵집에서 빵을 훔치는 것을 보았어.

- I **heard** a baby **crying.** 나는 아기가 우는 것을 들었어.

 Every Conversation

A. I **saw** Jack **stealing** some bread at the bakery this morning.
   나는 오늘 아침에 Jack이 빵집에서 빵을 훔치는 것을 보았어.

B. Really? Unbelievable! 정말? 믿을 수가 없어!

A. No one lives next door. 옆집에 아무도 살지 않아.

B. Really? I **heard** a baby **crying** last night.
   정말? 나는 어젯밤에 아기가 우는 것을 들었어.

Grammar Point

보다(see), 듣다(hear), 냄새나다(smell), 느끼다(feel)처럼 감각을 통해 경험을 묘사하는 동사를 지각동사라고 합니다. 지각동사로 정보를 묘사할 때는 [주어 + 지각동사의 과거형 + 사람(목적어) + 동사원형(동사ing)] 형태로 사용해요. 목적어의 일반적인 행동을 말할 때는 동사원형, 하는 중인 행동을 말할 때는 동사ing 형태로 말하는 경향이 있어요.

More expressions

> We **heard** a baby **crying.** 우리는 아기가 우는 것을 들었어.

> She **felt** someone **coming** toward her.
> 그녀는 누군가가 그녀 쪽으로 오는 것을 느꼈다.

Let's Practice!

01 나는 네가 책을 읽는 것을 봤어.　　*I saw / you / a book / read*

02 나는 그가 노래를 부르는 것을 들었어.　　*I heard / singing / him / a song*

Word

- steal 훔치다 · this morning 오늘 아침 · unbelievable 믿을 수 없는
- toward ~쪽으로

정답 1. I saw you read a book. 2. I heard him singing a song.

He bought me a laptop.

그는 나에게 노트북을 사 주었어.

[주어 + bought + 명사(목적격) + 명사(물건)] : ~가 (명사)에게 (명사)를 사 주었다

bought는 buy의 과거형으로 '사 주다'라는 뜻이 있어요. 이 표현을 말할 때는 '누가, 사 주었다, 누구에게, 무엇을' 순서로 말합니다. 앞의 명사는 사람, 뒤의 명사는 물건입니다. 친구에게 사 준 선물이 있다면 영어로 말해 보세요. 친구가 여러분에게 사 준 것도 말할 수 있겠죠?

Key Sentence

- I bought him a flower. 나는 그에게 꽃 한 송이를 사 주었다.
- My mom bought me a bike. 엄마가 나에게 자전거를 사 주셨다.

Every Conversation

A. Yesterday was my brother's birthday. I **bought him** a flower.
어제는 내 남동생 생일이었어. 나는 그에게 꽃 한 송이를 사 주었어.

B. Wow! You are a wonderful sister. 와. 너는 좋은 누나구나.

A. You have a new bike. 너 새 자전거 있구나.

B. My mom **bought me** a bike. 엄마가 나에게 자전거를 사 주셨어.

Grammar Point

어떤 물건이나 서비스를 '주다, 해 주다'라는 의미로 사용되는 동사를 수여 동사라고 합니다. 주다(give), 사 주다(buy), 만들어 주다(make), 써 주다(write) 등 여러 동사가 있습니다. 상황에 따라 물건을 강조하면 사람보다 물건을 먼저 말할 수도 있어요. 이때는 '누구에게' 앞에 to, for, of를 붙여요. 동사에 따라 붙이는 단어가 조금씩 다르니 익숙해지도록 여러 번 읽어 보세요.

 More expressions

> She **gave** me a teddy bear. 그녀는 나에게 곰 인형을 주었어. * '나에게' 강조

> She **gave** a teddy bear to me. 그녀는 곰 인형을 나에게 주었어. * '곰 인형' 강조

Let's Practice!

01 나는 남동생에게 책을 한 권 사 주었다 ('남동생에게' 강조).   *my brother / I bought / a book*

02 그는 그녀를 위해 책상을 사 주었다. ('책상을' 강조)   *for her / He bought / a desk*

 **Word**

> • laptop 노트북 • give 주다 • desk 책상

정답 1. I bought my brother a book. 2. He bought a desk for her.

Day 38

I didn't go to the beach last weekend.

나는 지난 주말 해변에 가지 않았어.

[I didn't~] : 나는 ~하지 않았다

[I didn't~]는 과거에 하지 않았던 것을 말할 때 사용해요. 숙제 때문에 친구랑 놀지 않았던 일, 맛이 없어서 음식을 먹지 않았던 일, 날씨 때문에 밖에서 놀지 못했던 일 등 과거에 하지 않거나 못했던 일을 말할 때 유용하게 쓰여요.

Key Sentence

- **I didn't attend** the meeting. 나는 그 회의에 참석하지 않았다.
- **I didn't finish** my homework before dinner.
  나는 저녁 전에 숙제를 끝내지 않았다.

Every Conversation

A. **I didn't attend** the meeting.   나는 그 회의에 참석하지 않았어.

B. Oh, I didn't know that.   오, 나는 몰랐어.

A. **I didn't finish** my homework before dinner.
   저는 저녁 전에 숙제를 끝내지 않았어요.

B. I always tell you to do your homework as soon as you come home.
   나는 네가 집에 오자마자 숙제하라고 항상 말하잖아.

과거형 부정문을 만들 때 주어의 인칭과 관계없이 [주어 + did not(didn't) + 동사원형]의 방법으로 만들 수 있어요.

More expressions

He didn't give me a book. 그는 나에게 책을 주지 않았어.

They didn't finish their project. 그들은 그들의 프로젝트를 마치지 않았어.

Let's Practice!

01 나는 어제 치과에 가지 않았어. *I didn't / go / yesterday / to the dentist*

02 그녀는 그 책을 읽지 않았어. *read / the book / she didn't*

Word

• **beach** 해변 • **attend** 참가하다 • **homework** 숙제
• **as soon as** ~하자마자

정답 1. I didn't go to the dentist yesterday. 2. She didn't read the book.

Day 39

Did you find your lost key?

너는 잃어버린 열쇠를 찾았니?

[Did you~?] : 너는 ~을 했니?

상대방에게 과거에 어떤 행동을 했는지 물어보거나 확인할 때 사용하는 표현입니다. 지나간 일에 대해 물어볼 때는 'did'를 맨 앞에 붙이면 되지요. 대답은 [Yes, I did / No, I didn't]로 할 수 있어요.

 Key Sentence

- Did you check the weather forecast? 너는 일기예보를 확인했니?
- Did you receive my email from yesterday?
  어제 내 메일을 받았니?

Every Conversation

A. **Did you** check the weather forecast? 너는 일기예보를 확인했니?

B. Yes, it's raining this afternoon. 응. 오후에 비가 올 거야.

A. **Did you** receive my email from yesterday?
어제 내 메일을 받았니?

B. I didn't check it yet. 아직 확인 안 했어.

Grammar Point

[의문사 + did + 주어 + 동사] 형태로 과거에 무엇을 했는지, 어디에 있었는지, 언제 했었는지 물어볼 수 있어요. 의문사를 문장 맨 앞으로 보내면 됩니다.

More expressions

What did you do last weekend? 너는 지난 주말에 무엇을 했니?

Why did he choose the color?   그는 왜 그 색깔을 선택했지?

Let's Practice!

01 너는 어제 부모님께 전화했니?   did you / your parents / call / yesterday   ?

02 너는 그녀와 무슨 이야기를 했어?   did you / talk about / what / with her   ?

Word

- **find** 찾다 · **lost** 잃어버린 · **receive** 받다
- **forecast** 예측, 예보 · **choose** 선택하다

정답 1. Did you call your parents yesterday? 2. What did you talk about with her?

Day
40

Calm down.

진정해.

[동사~] : ~해

주어 없이 '동사'를 먼저 쓰면 상대방에게 어떤 행동을 지시하거나 요구할 때 사용하는 표현이에요. 좀 더 공손하게 표현하기 위해 문장 맨 앞이나 뒤에 please를 붙여 쓰기도 합니다. 동사 앞에 don't를 붙이면 '그 행동을 하지 마'라는 의미입니다.

- **Hurry up.** 서둘러.
- **Don't give** me that look. 그런 표정 하지 마.

 Every Conversation

A. Hurry up. 서둘러.

B. Wait a minute, please. 잠시 기다려 줘.

A. Don't give me that look. 그런 표정 하지 마.

B. Oh, sorry. 오, 미안해.

Grammar Point

명령문에서 부가의문문을 사용하면 좀 더 부드럽게 상대방에게 동의를 구하거나 요구를 할 수 있어요. 명령문의 부가의문문은 아주 간단해요. 동사와 관계없이 끝에 'will you?'를 붙이면 되거든요. 명령문을 사용할 때는 please나 will you?를 덧붙여 주세요.

More expressions

Listen to me, **will you?** 내 말 들어 봐, 응?

Don't turn on the light, **will you?** 불을 켜지 말아 줘, 응?

Let's Practice!

01 창문 좀 열어 주세요. *open / please / the window*

02 불 좀 꺼 줘, 응? *turn off / will you / the light,*

Word

- **calm** 진정시키다, 침착한 • **hurry** 서두르다 • **wait** 기다리다
- **look** 표정 • **turn on** 켜다 • **turn off** 끄다

정답 1. Please open the window(혹은 Open the window, please).
      2. Turn off the light, will you?

A. 이제까지 배운 대표 다섯 문장을 점검해 봐요. 15초 안에 대답하면 성공!

36	나는 그가 공원에서 자전거를 타는 것을 보았어.
37	그는 나에게 노트북을 사 주었어.
38	나는 지난 주말 해변에 가지 않았어.
39	너는 잃어버린 열쇠를 찾았니?
40	진정해.

B. 이제 단어를 바꿔서 말해 볼까요? 패턴을 기억해서 말해 보세요.

36	나는 그가 노래를 부르는 것을 들었어.
37	나는 남동생에게 책을 한 권 사 주었어.
38	나는 어제 치과에 가지 않았어.
39	너는 지난 주말에 무엇을 했니?
40	창문 좀 열어 주세요.

A. 정답 36. I saw him riding a bike at the park. 37. He bought me a laptop.
38. I didn't go to the beach last weekend. 39. Did you find your lost key?
40. Calm down.

B. 정답 36. I heard him singing a song.
37. I bought my brother a book. / I bought a book for my brother.
38. I didn't go to the dentist yesterday. 39. What did you do last weekend?
40. Please open the window. / Open the window, please.

문장의 형식(Sentence Structure)

영어 문장의 다섯 가지 구조를 알면 스스로 영어를 읽고 문장을 만들 수 있어요. 문장에서 주어, 동사는 꼭 필요해요. 그리고 형식에 따라 목적어나 보어가 필요한 문장도 있어요. 수식어(구)는 그 문장을 설명하는 데 도움을 줄 뿐 꼭 필요한 것은 아니랍니다.

- **1형식 : 주어 + 동사**

  She sings at home. 그녀는 (집에서) 노래한다.
  주어 동사   수식어

- **2형식 : 주어 + 동사 + 주격보어**

  It feels so soft. 그것은 (아주) 부드럽다.
  주어 동사 수식어 보어

- **3형식 : 주어 + 동사 + 목적어**

  I always love you. 나는 (항상) 너를 사랑해.
  주어 수식어 동사   목적어

- **4형식 : 주어 + 동사 + 간접목적어(~에게) + 직접목적어(~을)**

  I made him pizza for lunch. 나는 그에게 (점심으로) 피자를 만들어 주었다.
  주어 동사 목적어 목적어 수식어

- **5형식 : 주어 + 동사 + 목적어 + (목적)보어**

  They want me to be a doctor. 그들은 내가 의사가 되기를 원한다.
  주어   동사 목적어 보어

Lesson 3

진짜 영어,
제대로
써야 하는 표현

대화를 나누다 보면 앞으로 일어날 일이나 계획을 말할 때가 있어요. 상대방이
지금 어떤 일을 하고 있는지 궁금하기도 하고, 경험을 물어볼 때도 있지요. 이번
단원에서는 과거, 현재, 미래처럼 시간에 따라, 그리고 경험, 결과, 진행처럼 상
황에 따라 써야 하는 표현을 배워 봐요.

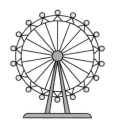

영어 문법 공부법

영어를 공부할 때 어려운 부분으로 문법을 많이 이야기합니다. 헷갈리는 문법, 어떻게 하면 잘할 수 있을까요? 딱 두 가지 방법을 알려줄게요. 먼저, 이 책에 있는 대표 문장에서 단어를 조금씩 바꿔 보세요. 예를 들어 He bought me a laptop이라는 문장에서 a laptop 대신에 a book, a flower로, He 대신에 my mom, my friend로, bought 대신에 gave, made 등의 단어로 바꿔 보는 거죠. 그렇게 연습하다 보면 규칙을 배우게 되고 또 기억에 오래 남아요.

두 번째로 영어로 된 글을 많이 읽으세요. 문법 규칙이 어떤 상황에서 적용되는지 영어로 된 글을 읽어 봅니다. 독해 문제집도 좋고, 어린이 원서도 좋아요. 영어로 된 글을 읽지 않으면 문법이 언제, 어떻게 쓰이는지 알 수 없거든요. 배운 문법을 자신의 문장으로 만들어 보고, 영어로 된 글을 읽으면서 내가 이해한 문법을 적용해 보세요.

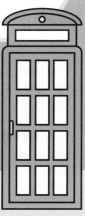

Day 41

We are going to have a party next week.

우리는 다음 주에 파티할 거야.

[주어+ be동사 + going to 동사원형~] : ~할 것이다

곧 일어날 일이나 결정이 되어 앞으로 있을 계획을 말할 때 사용해요. 여러분은 이번 주말에 무엇을 할 예정인가요? 각자의 계획을 말해 보세요. to 뒤에 동사원형을 써야 한다는 사실을 기억해요.

Key Sentence

- I am going to play baseball today. 오늘 야구할 계획이야.
- I am going to visit his friend tomorrow. 내일 친구 집에 갈 예정이야.

Every Conversation

A. Are you going to go outside? 밖에 나갈 예정이니?

B. Yes, **I am going to play** baseball today. 응, 오늘 야구할 계획이야.

A. What are you going to do tomorrow? 내일 뭐할 예정이야?

B. **I am going to visit** his friend tomorrow. 내일 친구 집에 갈 예정이야.

Grammar Point

'~할 것이니?'라고 물어보는 문장은 [be동사 + 주어 + going to 동사원형?], '~하지 않을 거야'라고 부정적인 표현을 하는 문장은 [주어+ be동사 not + going to 동사원형] 형태로 말합니다.

 More expressions

We aren't going to use these tools. 우리는 이 도구들을 사용하지 않을 거야.

Are you going to cook this weekend? 이번 주말에 요리할 예정이니?

Let's Practice!

01 그는 셔츠 하나를 살 예정이야. *he is going / a shirt / to buy*

02 나는 그녀와 내 장난감을 같이 사용할 예정이야. *I am going / my toy / with her / to share*

 Word

- **visit** 방문하다 • **use** 사용하다 • **tool** 도구
- **cook** 요리하다 • **share** 나누다, 함께 사용하다

정답 1. He is going to buy a shirt. 2. I am going to share my toy with her.

Day 42

You will be fine.

너는 괜찮을 거야.

[will be~] : ~할 거야

주어 뒤에 [will be~]가 붙으면 '~할 거야'라는 뜻이에요. 상대방의 미래에 대해 추측하거나 확신이 들 때 사용하는 표현이죠. 상대방이 앞으로 겪을 일에 대해 격려하거나 예측할 때도 많이 사용해요. 줄여서 You'll, We'll처럼 표현하기도 합니다.

Key Sentence

• You **will be** tired. 너 피곤하겠다.

• We **will be** busy from next week. 우린 다음 주부터 바쁠 거야.

Every Conversation

A. I'm going to swim for an hour straight today!

나는 오늘 1시간 내내 수영할 거야.

B. You**'ll be** tired. 피곤하겠다.

A. We **will be** busy next week. 우린 다음 주에 바쁠 거야.

B. Really? What do we have to do? 정말? 우리는 무엇을 해야 해?

Grammar Point

'will'은 미래의 의미를 나타내는 조동사입니다. [be going to 동사원형]과 비슷하지만 조금 차이가 있습니다. 'be going to'는 앞으로 있을 계획을 이야기해요. 하지만 'will'은 단순히 미래에 있을 일을 말합니다.

More expressions

Everyone **will get** free gifts. 모든 사람이 사은품을 받을 것이다.

She **is going to get** the prize this summer.
그녀는 이번 여름에 상을 받을 예정이다.

Let's Practice!

01 우리는 괜찮을 거야.   *be fine / we will*

02 그녀는 그 선물을 마음에 들어 할 거야.   *she will / the present /*
                                be satisfied / with

Word

- **fine** 좋은 • **get** 받다, 얻다 • **relax** 휴식을 취하다
- **a free gift** 사은품 • **prize** 상

정답 1. We will be fine. 2. She will be satisfied with the present.

I'll do it tomorrow.

내가 내일 할게.

[I will + 동사원형] : 내가 ~할게

나의 의지를 드러내는 표현이에요. 상대방의 말을 듣자마자 자기 생각을 표현하거나 앞으로의 행동을 이야기할 때 사용해요. 혼자 자신의 결심을 다질 때도 써요. I will survive!(나 살아남을 거야!)와 같은 식으로요.

Key Sentence

- **I'll help** you. 내가 도와줄게.
- **I'll pay** for it. 내가 계산할게.

Every Conversation

A. This box is too heavy.   이 상자 너무 무겁네.

B. **I'll help** you.   내가 도와줄게.

A. **I'll pay** for it.   내가 계산할게.

B. Thanks a lot.   고마워.

Grammar Point

'하지 않겠다'라는 표현도 쓸 일이 있지요. 이럴 때는 [I will not 동사원형]을 쓰세요. will not은 회화 상황에서 won't라고 줄여서 말합니다. 더 강조한다면 never라는 단어를 쓸 수 있어요. [I will never + 동사원형]을 쓰면 '절대로 하지 않겠다'라는 강한 의지를 나타내요.

More expressions

I won't cry anymore. 나는 더 이상 울지 않을 거야.

I will never give up on my dreams. 나의 꿈을 절대 포기하지 않을 거야.

Let's Practice!

01 내가 내일 다시 전화할게.　　　　 *I'll / tomorrow / call / back / you*

02 나는 더 이상 너를 믿지 않을 거야.　 *I won't / anymore / you / believe*

Word

- **pay** 지불하다 · **turn down** 줄이다, 약하게 하다
- **anymore** 이제 더 이상 · **give up on** ~을 단념하다 · **dream** 꿈
- **call back** 다시 전화하다 · **believe** 믿다

정답 1. I'll call you back tomorrow. 2. I won't believe you anymore.

Day 44

I'm changing my clothes.

나는 옷을 갈아입는 중이야.

[I am 동사ing] : 나는 ~하는 중이야, ~하고 있어

[be동사 + 동사ing]는 지금, 이 순간에 진행되고 있는 어떤 동작이나 상태를 표현합니다. 지금 대화를 나누고 있는 바로, 이 상황에서 할 수 있는 말입니다. 하는 일을 말하는 표현이죠. 지금 여러분은 무엇을 하고 있나요?

Key Sentence

- **I'm coming.** 가고 있어요.
- **I'm waiting** for the bus. 나는 버스를 기다리는 중이야.

Every Conversation

A. Dinner is ready. 저녁 준비가 다 되었어.

B. **I'm coming.** 가고 있어요.

A. Hello, where are you? 여보세요, 너 어디야?

B. I'm at the bus stop. **I'm waiting** for the bus.

정류장이야. 버스를 기다리는 중이야.

'~하는 중이야'라는 표현을 쓸 때는 [주어 + be동사 + 동사ing]입니다. '~하는 중이니?'라고 물어보는 문장은 [be동사 + 주어 + 동사ing?]입니다 '~하지 않는 중이야'라고 부정적인 표현을 하는 문장은 [주어+ be동사 not + 동사ing] 형태로 말합니다.

More expressions

She isn't sleeping. 그녀는 자고 있지 않아.

Is the water boiling? 물 끓고 있니?

Let's Practice!

01 나는 음악을 듣는 중이야.　　　　*to music / I'm listening*

02 그는 공원에서 자전거를 타는 중이야.　*He is riding / at the park / a bike*

Word

• **change** 변하다, 바꾸다　• **clothes** 옷　• **stop** 정류장　• **boil** 끓다

정답　1. I'm listening to music.　2. He is riding a bike at the park.

Day 45

I'm talking about your behavior.

나는 지금 네 행동에 대해 말하고 있는 거야.

[I am talking about 명사] : 나는 ~에 대해 말하고 있다

지금 말하고 있는 것을 강조할 때 쓰는 표현이에요. 상대방이 제대로 알아듣지 못할 때 덧붙여 설명하는 말이죠. 상대방이 대화에 집중하지 못하거나 말한 내용을 이해하지 못한다면 이 표현을 이용해 보세요.

- **I'm talking about** the science project.
  나는 지금 과학 과제에 대해 말하고 있어.

- **I'm talking about** your messy room.
  나는 너의 지저분한 방에 대해 말하는 거야.

 Every Conversation

A. Focus on our conversation, will you?
I'm talking about the science project.
우리 대화에 집중해 줄래, 응? 나는 지금 과학 과제에 대해 말하고 있어.

B. Sorry, I will.   미안해. 그렇게 할게.

A. Are you listening to me? **I'm talking about** your messy room.
내 말 듣고 있니? 나는 지금 어질러진 너의 방에 대해 말하고 있어.

B. I'll clean it up now. 지금 치울게요.

Grammar Point

'~할 것이니?'라고 물어보는 문장은 [be동사 + 주어 + going to 동사원형?], '~하지 않을 거야'라고 부정적인 표현을 하는 문장은 [주어+ be동사 not + going to 동사원형] 형태로 말합니다. say와 talk의 차이점이 뭘까요? 둘 다 '말하다, 이야기하다'라는 의미이지만 상황에 따라 쓰임이 달라요. say는 말하는 내용에 중점을 둬요. 한편 talk는 말하는 행동, 특히 서로 이야기하는 것에 중점을 둬요. 그래서 say는 구체적인 말과, talk는 대화 주제와 함께 쓰이는 편이지요.

More expressions

Don't **say** no. 아니라고 말하지 마.

He always **says** that teamwork is the key to success.
그는 항상 팀워크가 성공의 열쇠라고 말해.

Let's Practice!

01 나는 지금 책임감 있는 학생이 되라고 말하고 있어.

I'm talking / a responsible student / being / about

02 그녀는 다가오는 시험에 대해 말하고 있어.

about / an upcoming test / she's talking

Word

- behavior 행동 • focus on ~에 집중하다 • conversation 대화
- clean up 청소하다 • success 성공

정답 1. I'm talking about being a responsible student.
2. She's talking about an upcoming test.

Review!

A. 이제까지 배운 대표 다섯 문장을 점검해 봐요. 15초 안에 대답하면 성공!

41	우리는 다음 주에 파티할 거야.
42	너는 괜찮을 거야.
43	내가 내일 할게.
44	나는 옷을 갈아입는 중이야.
45	나는 지금 네 행동에 대해 말하고 있는 거야.

B. 이제 단어를 바꿔서 말해 볼까요? 패턴을 기억해서 말해 보세요.

41	그는 셔츠 하나를 살 예정이야.
42	그녀는 그 선물을 마음에 들어 할 거야.
43	나는 더 이상 울지 않을 거야.
44	나는 음악을 듣는 중이야.
45	그녀는 다가오는 시험에 대해 말하고 있어.

A. 정답 41. We are going to have a party next week. 42. You will be fine.
43. I'll do it tomorrow. 44. I'm changing my clothes. 45. I'm talking about your behavior.

B. 정답 41. He is going to buy a shirt. 42. She will be satisfied with the present.
43. I won't cry anymore. 44. I'm listening to music.
45. She's talking about an upcoming test.

동사의 변화 (2) 동명사 vs 분사

동사는 욕심이 많은지 다른 품사의 역할도 하고 싶어 해요. 명사 역할을 할 때는 -ing를 붙이고, 형용사 역할을 할 때는 -ing나 -ed를 붙여서 말이죠. 동사인데 명사 역할을 할 때는 동명사, 형용사 역할을 할 때는 분사라고 해요. 분사에는 현재분사와 과거분사가 있어요.

동명사와 현재분사를 만들 때는 동사에 ing를 붙입니다.

규칙	예시
동사원형 → -ing (대부분 일반동사)	climb → climbing, read → reading, sing → singing 등
e로 끝나면 e를 빼고 → -ing	come → coming, make → making, ride → riding 등 (예외: be → being)
단모음 + 단자음 동사는 단자음을 한 번 더 쓰고 → -ing	cut → cutting, sit → sitting, stop → stopping 등
ie로 끝나는 경우 ie를 y로 고치고 → -ing	lie → lying, die → dying, tie → tying 등

과거분사를 만들 때는 동사에 ed를 붙입니다. 동사의 과거형 만드는 방법과 같아요.

규칙	예시
동사원형 → -ed (대부분 일반동사)	cooked, cleaned, looked, opened, played 등
e로 끝나면 → -d	close → closed, like → liked, move → moved 등
단모음 + 단자음 동사는 단자음을 한 번 더 쓰고 → -ed	drop → dropped, stop → stopped 등
자음 + y면 y를 i로 고치고 → -ied	carry → carried, cry → cried, study → studied 등
불규칙	(97p 참고)

Are you planning to visit **your grandparents this weekend?**

이번 주말에 조부모님 댁에 갈 계획이니?

[Are you planning to 동사원형~?] : 너는 ~할 계획이니?

상대방에게 구체적인 계획을 물어볼 때 사용하는 표현이에요. 상대방의 의도나 계획을 알고 싶을 때 아주 유용하게 사용할 수 있어요.

Key Sentence

- **Are you planning to sign** up for the talent show?
  장기 자랑 신청할 계획이니?

- **Are you planning to learn** Chinese this year?
  올해 중국어를 배울 예정이니?

Every Conversation

A. **Are you planning to sign** up for the talent show?
장기 자랑 신청할 계획이니?

B. Yes. I'm planning to dance with Jenny. 응. Jenny랑 춤출 계획이야.

A. **Are you planning to learn** Chinese this year?
올해 중국어를 배울 예정이니?

B. Umm, I'm considering it, but I'm not sure.
음, 생각 중인데 확실하지 않아.

어떤 계획이 있는지 물어볼 때는 [What are you planning to do? / What are you going to do?]로도 물어볼 수 있어요. '무엇을 할 계획이니? 무엇을 할 예정이니?' 라는 의미지요. do 뒤에 특정한 날짜나 시간을 붙여서 물어보면 훨씬 구체적으로 물어볼 수 있어요.

More expressions

What are you going to do this weekend? 이번 주말에 무엇을 할 예정이니?

What are you planning to do this Christmas?
이번 크리스마스에 무엇을 할 계획이니?

Let's Practice!

01 독서 모임 시작할 계획이니? *are you planning / the book club / to start   ?*

02 이번 겨울에는 무엇을 할 예정이니? *are you planning / what / this winter / to do   ?*

Word

• **plan to** ~을 계획하다   • **sign up** 참가하다, 신청하다
• **consider** 고려하다, 생각하다   • **book club** 독서 모임

정답 1. Are you planning to start the book club?
      2. What are you planning to do this winter?

Are you moving next month?

다음 달에 이사 갈 예정이지?

[Are you 동사ing?] : 너는 ~하는 중이니?, 너는 ~할 예정이지?

상대방에게 현재 하는 행동을 물어보는 형태이지만, 상대방의 정해진 계획이나 일정을 물어보는 표현으로도 쓸 수 있어요. 일어날 일은 미래이지만 이미 약속이 정해져 있다는 점을 강조하는 거죠.

Key Sentence

- **Are you having** a test in two days? 이틀 뒤 시험이지?
- **Are you completing** the assignment before the deadline?
  마감일 전에 과제를 마칠 예정이지?

Every Conversation

A. **Are you having** a test in two days? 이틀 뒤 시험이지?

B. No, I'm not. It's tomorrow. 아니야. 내일이야.

A. **Are you completing** the assignment before the deadline?
마감일 전에 과제를 마칠 예정이지?

B. Yes, I am. I am working hard on it. 응. 열심히 하는 중이야.

Grammar Point

현재진행형(be동사 + 동사ing)은 지금 하는 동작뿐 아니라 습관적으로 반복하는 행동, 이미 결정된 약속이나 계획을 말할 때 쓰여요. 현재진행형으로 현재와 미래 모두 나타낼 수 있다는 거죠.

More expressions

She **is** always **complaining** about everything.
그녀는 항상 모든 것에 불평해. (평소 반복하는 행동)

We **are arriving** at the airport tomorrow.
우리는 내일 공항에 도착해. (이미 결정된 계획)

Let's Practice!

01 이번 주말에 부산으로 떠날 거지?   are you leaving / this weekend / for Busan ?

02 내일 그의 집에 갈 거지?   to his house / are you going / tomorrow ?

Word

• **move** 이사하다 • **in** (시간) ~후에 • **complete** 완료하다, 마치다
• **assignment** 과제 • **work on** ~에 노력을 들이다 • **hard** 열심히

정답 1. Are you leaving for Busan this weekend?
2. Are you going to his house tomorrow?

What **are you** doing?

너는 무엇을 하는 중이니?

[What are you 동사ing?~] : 너는 무엇을 ~ 중이니?

상대방이 지금 무엇을 하고 있는지 물어볼 때 사용해요. are 대신 'were'를 쓰면 '너는 무엇을 ~중이었니?'라는 뜻이에요. 무엇(what), 언제(when), 왜(why), 어디에(where), 누가(who)와 같은 의문사는 질문할 때 문장 맨 앞에 둔다는 사실을 잊지 마세요.

Key Sentence

- **What** are you **eating?** 너는 무엇을 먹고 있어?
- **What** were you **thinking?** 너는 무엇을 생각하고 있었어?

Every Conversation

A. **What** are you **eating?** 너는 무엇을 먹고 있어?

B. I'm having a bowl of vegetable soup. 야채수프를 먹는 중이야.

A. **What** were you **thinking?** 너는 무엇을 생각하고 있었어?

B. I was thinking of redecorating my room.

내 방을 다시 꾸미는 걸 생각 중이야.

Grammar Point

[What are you 동사ing?~]는 지금 이 순간 하는 행동뿐 아니라 현재, 평소에 하는
일, 또는 가까운 미래의 계획을 물어볼 때도 쓰일 수 있어요.

More expressions

What are you reading these days?

요즘 무엇을 읽고 있어? (평소에 하는 일)

What are you studying in the upcoming semester?

다가오는 학기에 무엇을 공부할 거야? (가까운 미래의 계획)

Let's Practice!

01 너는 지금 무엇을 듣는 중이야?   *listening to / what are you   ?*

02 너는 금요일 파티를 위해 무엇을   *what are you / for the party /*
입을 거야?   *wearing / on Friday   ?*

Word

• **think** 생각하다 • **bowl** 그릇 • **redecorate** 실내장식을 새로 하다
• **these days** 요즘에는 • **upcoming** 다가오는 • **semester** 학기

정답 1. What are you listening to? 2. What are you wearing for the party on Friday?

Day 49

I was studying at the library.

나는 도서관에서 공부하는 중이었어.

[주어 + was(were) + 동사ing] : ~하던 중이었다

무언가를 하고 있었다고 말할 때 사용할 수 있어요. '(그때) 뭐 하고 있었니?'에 답할 수 있는 완벽한 표현이지요. I, he, she가 주어일 때는 was를 쓰고 you, we, they가 주어일 때는 were를 써요.

- I was taking a shower. 나는 샤워 중이었어.
- I was jumping rope at the gym.
  나는 체육관에서 줄넘기를 하는 중이었어.

A. Where were you? 어디 있었니?

B. In the bathroom. **I was taking** a shower.
  욕실에요. 저는 샤워 중이었어요.

A. I called you at 9 p.m. last night. 나 어젯밤 9시에 너에게 전화했었어.

B. **I was jumping** rope at the gym.
  나는 체육관에서 줄넘기를 하는 중이었어.

Grammar Point

'~하는 중이었니?'라고 물어볼 때는 [Was(Were) 주어 + 동사ing?], '~하지 않고 있었어'라고 부정적인 표현을 할 때는 [주어 + was(were) + not + 동사ing]로 표현합니다. be동사가 있는 문장은 현재, 과거, 미래, 진행, 계획 모두 만드는 방법이 같지요?

More expressions

He wasn't studying for a test.   그는 시험공부를 하는 중이 아니었어.

Were you searching for travel information?
너는 여행 정보를 검색하는 중이었니?

Let's Practice!

01 나는 통화 중이었어.   *I / on the phone / was talking*

02 우리는 아주 즐겁게 지내는 중이었어.   *We / a great time / were having*

Word

• **take a shower** 샤워하다 • **bathroom** 욕실 • **jump rope** 줄넘기를 하다
• **gym** 체육관 • **search** 찾다, 검색하다 • **information** 정보

정답 1. I was talking on the phone. 2. We were having a great time.

Day 50

I have read **this book.**

나는 이 책을 읽어 봤어.

[주어 have(has) 과거분사] : 나는 ~한 적이 있어

경험을 말할 때 써요. 겪었던 일을 말하는 데 중점을 두기 때문에 구체적인 과거 시간은 함께 말하지 않아요. I, you, we, they의 경험은 [have + 과거분사]를 사용해요. she, he, it의 경험은 [has + 과거분사]를 사용해요.

Key Sentence

- **I have seen** the movie. 나는 그 영화를 본 적이 있어.
- **He has come** to my house. 그는 우리 집에 온 적이 있어.

Every Conversation

A. Do you know the man over there? 너는 저기 있는 남자아이 아니?

B. He is Mike. **I've met** him before.   *I've = I have
     Mike야. 전에 만난 적 있어.

A. Do you know Mike? 너 Mike 아니?

B. Yes, **he has come** to my house. 응, 그는 우리 집에 온 적이 있어.

Grammar Point

분사(participle)는 동사의 형태가 변해서 형용사 역할을 하는 것을 말해요. 동사에 ing가 붙으면 현재분사, ed가 붙으면 과거분사(p.p)가 되는 것이죠. 현재분사는 '~하고 있는(진행되는 상황), ~하는(능동적인 상황)'의 의미를 가지고 있어요. 과거분사는 '~되어진(완료된 상황), ~된(수동적인 상황)'의 의미를 가지고 있어요.

More expressions

She has **tried** Mexican food.
그녀는 멕시코 음식을 먹어 본 적이 있어. (과거분사)

She is **trying** to eat Mexican food.
그녀는 멕시코 음식을 먹으려고 시도하는 중이야. (현재분사)

Let's Practice!

01 나는 그 소문을 들어 본 적이 있어.   *about / the rumor / I have heard*

02 우리는 전에 만난 적이 있어.   *before / we have met*

Word

• **over there** 저쪽에 • **before** 전에 • **several times** 여러 번
• **try** 시도하다 • **rumor** 소문

정답 1. I have heard about the rumor. 2. We have met before.

Review!

A. 이제까지 배운 대표 다섯 문장을 점검해 봐요. 15초 안에 대답하면 성공!

46	이번 주말에 조부모님 댁에 갈 계획이니?
47	다음 달에 이사 갈 예정이지?
48	너는 무엇을 하는 중이니?
49	나는 도서관에서 공부하는 중이었어.
50	나는 이 책을 읽어 봤어.

B. 이제 단어를 바꿔서 말해 볼까요? 패턴을 기억해서 말해 보세요.

46	올해 중국어를 배울 예정이니?
47	이번 주말에 부산으로 떠날 거지?
48	너는 지금 무엇을 듣는 중이야?
49	우리는 아주 즐겁게 지내는 중이었어.
50	우리는 전에 만난 적이 있어.

A. 정답 46. Are you planning to visit your grandparents this weekend?
47. Are you moving next month? 48. What are you doing?
49. I was studying at the library. 50. I have read this book.

B. 정답 46. Are you planning to learn Chinese this year?
47. Are you leaving for Busan this weekend? 48. What are you listening to?
49. We were having a great time. 50. We have met before.

to부정사

중학교 1학년 때 배우는 문법 중 'to부정사'가 있어요. 용어가 익숙하지 않아 어려워 하는 부분이지요.

우선 'to부정사'는 [to 동사원형]의 형태를 가지고 있어요. 그런데 이 형태는 문장의 위치에 따라 의미와 역할이 달라져요. 하나로 정해지지 않았다고 해서 '부정'이라는 용어를 써요.

1. ~하는 것, ~하기

It's important **to protect** our environment. 환경을 **보호하는 것은** 중요해.

의미 : 명사 (보호하는 것)   역할 : 주어 (보호하는 것은)

I want **to play** in the park. 나는 공원에서 **놀기를** 원해.

의미 : 명사 (놀기)   역할 : 목적어 (놀기를)

My dream is **to be** a singer. 나의 꿈은 가수가 **되는 것**이다.

의미 : 명사 (되는 것)   역할 : 보어 (~는 …하는 것이다)

2. ~하는, ~할

I need something **to drink.** 나는 **마실** 것이 필요해.

의미 : 형용사 (마실)   역할 : 수식어 (앞의 something 설명)

I found a place **to eat** lunch. 나는 점심을 **먹을** 장소를 찾았어.

의미 : 형용사 (먹을)   역할 : 수식어 (앞의 place 설명)

3. ~하게 되어서, ~하기 위해서

I'm glad **to see** you. 당신을 **만나게 되어서** 기뻐요.

의미 : 부사 (~게 되어서)   역할 : 수식어 (원인 설명)

I get up early **to go** jogging. 나는 조깅을 **가기 위해서** 일찍 일어난다.

의미 : 부사 (~하기 위해서)   역할 : 수식어 (목적 설명)

Day 51

I have decided to stay here.

나는 여기에 머무르기로 했어.

[주어 have(has) decided to 동사원형~] : 나는 ~하기로 했다

'그래 결심했어!'라는 말을 할 때가 있지요? decide는 '결심하다'라는 의미인데, [have(has) decided]는 지난 시간부터 이 일에 대해 고심하고 마침내 그 결론을 내리게 되었을 때 사용해요.

 Key Sentence

- I have decided to marry him. 나는 그와 결혼하기로 했어.
- She has decided to go back home. 그녀는 집으로 돌아가기로 했어.

 Every Conversation

A. I have decided to marry him.   나는 그와 결혼하기로 했어.

B. That's great! Congratulations!   멋지다! 축하해!

A. She has decided to go back home. 그녀는 집으로 돌아가기로 했어.

B. That's cool. 잘됐다.

Grammar Point

어떤 일을 하도록 결심할 수 있지만, 하지 않기로 결심할 때도 있지요. 그럴 때는 [I have decided not to 동사원형] 형태로 사용합니다. 여러분이 하지 않기로 결심한 것도 영어로 말해 보세요.

More expressions

I have decided not to waste water.   나는 물을 낭비하지 않기로 결심했어.

I have decided not to eat sweets.   나는 단것을 먹지 않기로 결심했어.

Let's Practice!

01 나는 새로운 기술을 배우기로 했어.   *I have decided / a new skill / to learn*

02 나는 패스트푸드를 먹지 않기로 했어.   *fast food / not to eat / I have decided*

Word

- **decide** 결심하다 • **marry** ~와 결혼하다 • **waste** 낭비하다
- **sweets** 단 것 • **skill** 기술

정답 1. I have decided to learn a new skill. 2. I have decided not to eat fast food.

Day 52

I have been to **Canada.**

나는 캐나다에 가 본 적이 있어.

[주어 have(has) been to~] : 나는 ~에 가 본 적이 있다

[I have been to] 뒤에 특정한 장소를 넣어 보세요. 그 장소에 가 본 적이 있다는 경험을 말할 때 사용할 수 있어요. 그런데, '가다'를 말하기 위해 go의 과거형인 gone을 쓰지 마세요. gone이 아니라 been을 써야 해요. 왜냐하면 gone을 쓰면 이미 가버렸다는 의미가 되거든요.

Key Sentence

- **I have been to** Jeju several times. 나는 제주도에 여러 번 가 봤어.
- **I have been to** London on a family trip.
  나는 가족 여행으로 런던에 가 본 적이 있어.

Every Conversation

A. **I've been to** Jeju several times. 나는 제주도에 여러 번 가 봤어.

B. Really? Which place was the best for you?
정말? 어디가 가장 좋았어?

- -

A. **I've been to** London on a family trip.
나는 가족 여행으로 런던에 가 본 적이 있어.

B. That's great. My family is going to London this winter, too.
멋지다. 우리 가족도 이번 겨울 런던에 갈 예정이야.

Grammar Point

다음의 두 문장은 상황에 맞게 구별해서 사용하세요.

> [주어 have(has) been to + 장소]   ~에 가 본 적이 있다(다녀왔다)
> [주어 have(has) gone to + 장소]   ~로 가버렸다(그래서 지금 이곳에 없다)

More expressions

We have been to the beach every summer for the past five years.
우리는 지난 5년 동안 매 여름 바다에 갔어(다녀왔어).

She has gone to a store to buy groceries for dinner.
그녀는 저녁 식료품을 사기 위해 가게에 갔어(그래서 지금 이곳에 없어).

Let's Practice!

01 나는 가족 여행으로 제주도에 가 본 적이 있어.

*on a family trip / to Jeju /
I have been*

02 그는 시험 공부하러 도서관에 갔어.

*to a library / to study /
he has gone / for a test*

Word

> • **the best** 가장 좋은 • **past** 지난 • **grocery** 식료품

정답 1. I have been to Jeju on a family trip.
     2. He has gone to a library to study for a test.

I have lost my bike.

나는 자전거를 잃어버렸어.

[주어 have(has) lost~] : ~를 잃어버리다

[I have lost 물건]은 '나는 ~를 잃어버렸어'라는 뜻이에요. 언제 잃어버렸는지 정확하지 않지만 과거에 잃어버려서 지금까지 그 물건이 없는 상태를 말할 때 쓰는 표현입니다.

 Key Sentence

- I have lost my bag. 나는 가방을 잃어버렸어.
- I have lost my umbrella. 나는 우산을 잃어버렸어.

 Every Conversation

A. I've lost my bag, and I'm searching for it everywhere.

나 가방을 잃어버렸어. 지금 여기저기 찾고 있는 중이야.

B. Where did you last have it?   마지막으로 사용했던 곳이 어디였어?

A. I've lost my umbrella, and it's raining outside.

나 우산을 잃어버렸어. 지금 밖에 비가 오는 중이야.

B. Don't worry, I've got one. Let's share.

걱정 마. 나 하나 가지고 있어. 같이 쓰자.

Grammar Point

[주어 + 과거동사]는 단순히 과거의 사실을 이야기할 때 쓰죠. 그런데 [주어 + have(has) + 과거분사(p.p)]는 과거의 사실이 지금까지 영향을 줄 때 쓰는 표현이에요. 우리말로는 차이가 크게 없지만 말하는 사람의 의도에 따라 달라질 수 있어요. [주어 + 과거동사]만 쓸 때는 정확한 과거 시점을 말하거나 현재 상황을 자세히 말해요.

More expressions

We have bought a new car.   우리는 새 차를 구입했어.

*과거에 사서 현재까지 우리 소유라는 점을 강조

We bought a new car **last week.**   우리는 지난주에 새 차를 구입했어.

*지난주에 새 차를 샀다는 과거의 사실을 강조

Let's Practice!

01 그들은 친구였어. 하지만 지금은 서로 보지 않아.   *but / they were / they don't see / each other / friends, / now*

02 그들은 십년지기 친구야.   *They / friends / for ten years / have been*

Word

• **lose** 잃어버리다 • **last** 마지막의 • **everywhere** 모든 곳 • **ago** 전에

정답 1. They were friends, but they don't see each other now.
　　　2. They have been friends for ten years.

Day 54
I have never known him to dance.

나는 그가 춤추는 것을 본 적이 없어.

[I have never known 사람 to 동사원형] : '나는 ~가 ~하는 것을 본 적이 없다

과거부터 지금까지 어떤 사람의 행동에 대한 지식이나 경험이 전혀 없었을 때 쓰는 표현입니다. 어떤 사람의 의외의 행동을 보고 놀라면서 '~가 이런 줄 몰랐어!'라고 할 때 많이 사용해요.

Key Sentence

- **I have never known** him to give up easily.
  나는 그가 쉽게 포기하는 것을 본 적이 없어.

- **I have never known** her to complain about her school life.
  나는 그녀가 학교생활에 불평하는 것을 본 적이 없어.

Every Conversation

A. Harry won't attend this game.   Harry는 이번 경기에 참여하지 않을 거야.

B. Really? **I've never known** him to give up easily.

정말? 나는 그가 쉽게 포기하는 것을 본 적이 없는데.

A. Jenny is unhappy with her teacher.
Jenny는 그녀의 선생님을 마음에 들어 하지 않아.

B. Really? **I've never known** her to complain about her school life.
정말? 나는 그녀가 학교생활에 불평하는 것을 본 적이 없어.

Grammar Point

문장에서 'ever'나 'never'를 사용할 때가 있는데 정확한 의미를 알아두면 활용하기가 쉬워요. ever는 '언제든, 한 번이라도'라는 뜻이고, never는 '한 번도, 결코 ~ 않다'라는 뜻이에요. ever는 주로 물어보는 문장, never는 서술하는 문장에서 주로 사용해요.

More expressions

Have you ever been to Jeju? 너는 제주도에 가 본 적이 있니?

I have never been to Jeju. 나는 제주도에 한 번도 가 본 적이 없어.

Let's Practice!

01 나는 그가 약속을 깨뜨리는 것을 본 적이 없어. *known / I have never / to break / him / a promise*

02 나는 저 음식을 한 번도 먹어 본 적이 없어. *I have never / that food / eaten*

Word

- **give up** 포기하다 **complain** 불평하다 **since** ~이후로
- **easily** 쉽게 **missing** 잃어버린 **break a promise** 약속을 깨다

정답 1. I have never known him to break a promise.
  2. I have never eaten that food.

I haven't finished my homework yet.

나는 아직 숙제를 마치지 못했어.

[주어 haven't(hasn't) + 과거분사 + yet] : ~는 아직 ~하지 못했다

지난 시점부터 지금까지 하는 일이 완료되지 않았거나, 예전부터 계획하거나 소망하는 일이 진행되지 않았을 때 쓸 수 있는 표현이에요. yet은 '아직'이라는 뜻으로 주로 부정문이나 의문문에 써요. 문장 맨 뒤에 옵니다.

Key Sentence

- I haven't cleaned my room yet. 아직 내 방 청소를 다 못했어.
- I haven't read that book yet. 나는 아직 저 책을 읽어 보지 않았어.

Every Conversation

A. I haven't cleaned my room yet. 아직 내 방 청소를 다 못했어.

B. Do you need any help? 도움이 필요하니?

A. I haven't read that book yet.
나는 아직 저 책을 읽어 보지 않았어.

B. The story is amazing. I strongly recommend it.
이야기가 대단해. 나는 강력하게 추천해.

같은 형태의 문장이라도 단어에 따라 말하는 사람의 의도가 달라집니다. 예를 들어 I haven't seen a movie yet은 '난 영화를 아직 본 적이 없어'라는 의미로 경험을 말하는 문장이죠. 반면 I haven't seen a movie like that before는 '저런 영화를 이제까지 본 적이 없어'라는 문장이에요. 놀라움과 감탄을 표현하는 거죠.

More expressions

I haven't seen a movie yet.   난 영화를 아직 본 적이 없어. (경험)

I haven't seen a movie like that before.
저런 영화를 이제까지 본 적이 없어. (놀라움, 감탄)

Let's Practice!

01 나는 아직 멕시코 음식을 먹어 본 적이 없어.   *Mexican food / I haven't tried / yet*

02 나는 이토록 흥미로운 소설을 읽어 본 적이 없어!   *like / an exciting novel / I haven't read / that before   !*

Word

• **yet** 아직 • **amazing** 놀라운 • **strongly** 강력히 • **recommend** 추천하다
• **art gallery** 미술관 • **novel** 소설 • **like** ~와 같은, ~처럼

정답 1. I haven't tried Mexican food yet.
2. I haven't read an exciting novel like that before.

A. 이제까지 배운 대표 다섯 문장을 점검해 봐요. 15초 안에 대답하면 성공!

51	나는 여기에 머무르기로 했어.
52	나는 캐나다에 가 본 적이 있어.
53	나는 자전거를 잃어버렸어.
54	나는 그가 춤추는 것을 본 적이 없어.
55	나는 아직 숙제를 마치지 못했어.

B. 이제 단어를 바꿔서 말해 볼까요? 패턴을 기억해서 말해 보세요.

51	나는 패스트푸드를 먹지 않기로 했어.
52	그는 시험 공부하러 도서관에 갔어.
53	그들은 십년지기 친구야.
54	나는 그가 약속을 깨뜨리는 것을 본 적이 없어.
55	나는 아직 멕시코 음식을 먹어 본 적이 없어.

A. 정답 51. I have decided to stay here. 52. I have been to Canada.
53. I have lost my bike. 54. I have never known him to dance.
55. I haven't finished my homework yet.

B. 정답 51. I have decided not to eat fast food.
52. He has gone to a library to study for a test. 53. They have been friends for ten years.
54. I have never known him to break a promise. 55. I haven't tried Mexican food yet.

현재완료 제대로 쓰기

현재완료는 중학교 2학년 과정에 나오는 개념으로, 정확한 형태와 쓰임을 이해해야 해요. 우리말로 해석했을 때 과거의 개념과 크게 차이가 없어 헷갈리는 부분이거든요.

현재완료는 **[주어 + have(has) + 과거분사]** 형태입니다. 과거의 일이 현재까지 영향을 미칠 때 사용합니다. 예시를 한 번 볼까요?

1. 경험을 이야기할 때입니다. 이미 지난 일이지만 경험이라는 것은 현재까지 가지고 있는 일이지요.

   I have seen the movie several times. 나는 그 영화를 여러 번 봤어.
   She has never been abroad. 그녀는 해외에 나가 본 적이 없어.

2. 이전(과거)에 시작해서 말하는 시점에 이미 또는 막 완료했을 때 사용합니다.

   I have already finished my homework. 나는 이미 숙제를 마쳤어.
   We have just arrived at the station. 우리는 막 역에 도착했어.

3. 과거에 시작한 일을 지금까지 계속할 때 사용해요.

   I have studied English since I was 7 years old.
   나는 7살부터 계속 영어 공부를 하고 있어.
   He has worked for the bank.
   그는 그 은행에서 일하고 있어.

4. 과거에 일어난 일이 지금까지 그 상태가 지속될 때 사용해요.

   I have lost my umbrella.
   난 우산을 잃어버렸어. (과거에 우산을 잃어버려 지금까지 찾지 못한 상황)
   He has broken his leg.
   그는 다리가 부러졌어. (과거에 다리가 부러져 지금까지 그 상태인 경우)

Day 56

It has been raining all day.

비가 하루 종일 내리고 있어.

[주어 have(has) been 동사ing] : ~가 ~하는 중이다

과거에서 지금까지 그 행동이 계속되어 지금까지 영향을 받는 중일 때 사용하는 표현입니다. 며칠째 비가 계속되거나 하루 종일 음악을 듣고 있거나 몇 시간째 놀고 있는 것처럼 말이죠.

Key Sentence

- **She has been playing** music all day.
  그녀는 하루 종일 음악을 틀어놓고 있어.

- **A strong wind has been blowing** all day.
  하루 종일 강한 바람이 불고 있어.

Every Conversation

A. Where is Jenny? Jenny 어디 있어?

B. **She has been playing** music in her room.
자기 방에서 음악을 틀어놓고 있어.

A. How's the weather in your town? 너희 지역 날씨는 어때?

B. **A strong wind has been blowing** all day.
하루 종일 강한 바람이 불고 있어.

Grammar Point

[주어 have(has) been 동사ing]는 과거부터 지금까지 그 행동이 지속되고 있는 것을 말해요. 그래서 기간을 나타내는 단어인 for(~동안), since(~이후로)와 함께 많이 쓰여요.

More expressions

He has been watching the movie **for** 3 hours.
그는 3시간째 영화를 보는 중이야.

She has been working for the company **since** then.
그녀는 그때 이후로 그 회사에서 일하고 있어.

Let's Practice!

01 9시 이후로 계속 눈이 내리고 있어.　　*since 9 o'clock / snowing / it has been*

02 나는 소설을 쓰는 중이야.　　*I've been / a novel / writing*

Word

- **all day** 하루 종일　・ **town** 도시　・ **strong** 강한
- **wind** 바람　・ **blow** 불다　・ **since** ~부터(이후)

정답　1. It has been snowing since 9 o'clock.　2. I've been writing a novel.

He had **already** left
when we arrived.

우리가 도착했을 때 그는 이미 떠났어.

[주어 had 과거분사(p.p)] : ~는 이미(막) ~했다

말하는 시점이 이미 사건이 일어난 이후일 때, 즉 이전의 일을 이야기할 때 사용하는 표현입니다. 그래서 과거의 일과 함께 사용해요. 왜냐하면 그 과거의 시점보다 더 이전이라는 것을 명확하게 하기 위해서죠.

Key Sentence

- **We had** already **read** the book, so we knew the story.
  우리는 이미 책을 읽어서 이야기를 알고 있었어.

- **The bus had** already **left** when we arrived at the bus stop.
  우리가 정류장에 도착했을 때 버스는 떠났어.

Every Conversation

A. Did you enjoy the movie last night? 어젯밤에 영화 재미있었니?

B. Yes, but **we had** already **read** the book, so we knew the story.
    응, 하지만 우리는 이미 책을 읽어서 이야기를 알고 있었어.

A. Why were you late? 왜 늦었니?

B. We missed the bus.
    It had already **left** when we arrived at the bus stop.
    우리가 버스를 놓쳤어. 정류장에 도착했을 때 버스가 이미 떠났더라고.

Grammar Point

과거완료는 'when' 'before' 'by the time' 등과 같은 단어와 함께 쓰여서 어떤 일이
먼저 일어났는지 명확하게 알 수 있어요.

More expressions

Before he came to the next door, I **had never heard** of him.
그가 옆집으로 오기 전까지, 나는 그에 대해 들어 본 적이 없었다.

By the time she arrived at the party, **most of the guests had left.**
그녀가 파티에 도착했을 무렵에 대부분의 손님은 떠났다.

Let's Practice!

01 우리가 역에 도착했을 때 기차는 이미 떠났어.

when / at the station / we arrived /
left / already / the train had

02 내가 그곳에 갔을 때, 대부분의 상점이 막 문을 닫았어.

most of the stores / when /
I went there, / had / just closed

Word

- **leave** 떠나다 - **arrive** 도착하다 - **miss** 놓치다
- **by the time** ~즈음에 - **most of** ~의 대부분

정답 1. The train had already left when we arrived at the station.
     2. When I went there, most of the stores had just closed.

Day 58

She will be staying in Japan in February.

그녀는 2월에 일본에 머물고 있을 거야.

[주어 will be동사ing] : ~는 ~하고 있을 것이다

미래에 어떤 행동을 하는 중일 거라고 예상하거나 추측할 때 사용하는 표현입니다. 주로 계획이 되어 있거나 가능성이 있는 이야기를 할 때 쓰이지요. 반드시 일어나지 않을 수도 있어서 probably(아마도), maybe(어쩌면)라는 단어를 같이 쓰기도 해요.

Key Sentence

- **I will be presenting** my project in science class tomorrow.
  나는 내일 과학 시간에 과제를 발표하고 있을 거야.

- **They will be attending** a conference this evening.
  그들은 오늘 저녁에 회의에 참석해 있을 거야.

Every Conversation

A. **I will be presenting** my project in science class tomorrow.
나는 내일 과학 시간에 과제를 발표하고 있을 거야.

B. You'll do well. Good luck. 잘할 거야. 행운을 빌어.

A. What are you going to do this evening? 오늘 저녁에 뭐할 거야?

B. **We will** probably **be attending** a conference this evening.
우리는 아마도 오늘 저녁에 회의에 참석하고 있을 거야.

Grammar Point

미래에 어떤 행동을 예상하거나 추측할 때 사용하는 표현으로 [주어 will have 과거분사(p.p)]도 있어요. 이 표현은 미래에 어느 시점이면 어떤 상태가 되어 있을 것이라고 말할 때 사용해요. '내일 아침이면 어떤 일이 끝날 거야'처럼 말이죠.

More expressions

By the time you arrive, **we will have finished** our meeting.
네가 도착할 즈음에 우리는 회의를 마칠 거야.

I will have completed the assignment before the deadline.
마감일 전에 나는 과제를 마쳤을 거야.

Let's Practice!

01 나는 저녁에 도서관에서 공부하고 있을 거야.

at the library / I will be / this evening / studying

02 네가 여기 도착할 즈음에 나는 이미 떠났을 거야.

I will / by the time / have left / here / you arrive

Word

• **present** 발표하다 • **conference** 회의 • **by the time** ~즈음에

정답 1. I will be studying at the library this evening.
2. I will have left by the time you arrive here.

Day 59

Have you tried **the dish?**

그 요리 먹어 봤어?

[Have you tried~] : 너는 ~해 봤니?

어떤 시도를 해 본 경험이 있는지 물어보는 표현입니다. try는 '~을 시도하다'라는
뜻이에요. tried 뒤에 명사나 동사ing 형태를 이어서 사용하면 된답니다.

Key Sentence

- **Have you tried** sushi before? 예전에 스시 먹어 본 적 있니?
- **Have you tried riding** your bike at the new park?
  새로 생긴 공원에서 자전거 타 본 적 있니?

Every Conversation

A. **Have you tried** sushi before?   예전에 스시 먹어 본 적 있니?

B. No, I haven't.   아니, 없어.

- -

A. **Have you tried riding** your bike at the new park?
   새로 생긴 공원에서 자전거 타 본 적 있니?

B. Yes, I have. That is good for cycling.
   응. 자전거 타기에 좋아.

Grammar Point

'~해 본 적 있니?'라는 문장은 실제 일상에서 많이 쓰이는 표현입니다. 아래 문장 외에도 동사를 바꾸며 다양하게 활용할 수 있어요.

> **Have you been to~? :** ~에 가 본 적 있니?
> **Have you heard~? :** ~를 들어 본 적 있니?
> **Have you seen~? :** ~를 본 적 있니?

More expressions

Have you visited a museum recently? 최근에 박물관 가 봤니?

Have you heard the news about the upcoming event?
다가오는 행사에 관한 소식 들어 봤니?

Let's Practice!

01 악기를 배워 본 적이 있니?   *have you / a musical instrument / tried   ?*

02 최신 영화 봤어?   *seen / the latest movie / have you ?*

Word

- **dish** 요리, 접시 • **recently** 최근에
- **a musical instrument** 악기 • **the latest** 최신의

정답 1. Have you tried a musical instrument?
2. Have you seen the latest movie?

Day 60

How long have you been **here?**

이곳에서 얼마나 있었니?

[How long have you 과거분사(p.p)?] : ~을 한 지 얼마나 되었니?

과거에서 지금까지 하는 일이나 상태가 지속되고 있는 기간을 물어볼 때 쓰는 표현입니다. 다양한 동사를 선택하여 활동이나 상황의 지속 기간을 물어볼 수 있어 일상에서 자주 사용해요. 동사와 연결하여 입에 붙도록 연습해 보세요.

- **How long have you studied** English?
  영어를 공부한 지 얼마나 되었니?

- **How long have you had** your cat?
  고양이를 키운 지 얼마나 되었니?

A. **How long have you studied** English?
영어를 공부한 지 얼마나 되었니?

B. I have studied English for 5 years.   영어 공부를 한 지 5년이 되었어.

A. **How long have you had** your cat? 고양이를 키운 지 얼마나 되었니?

B. I have owned him since 2020. 2020년부터 키우고 있어.

Grammar Point

[How long have you been 동사ing?]와 [How long have you 과거분사(p.p)?]는 둘 다 '~을 한 지 얼마나 되었니?'로 해석해요. 행동을 강조할 때는 [How long have you been 동사ing?], 단순히 그 활동의 기간을 물어볼 때는 [How long have you 과거분사(p.p)?]를 사용해요.

More expressions

How long have you been studying for the exam?
그 시험 얼마 동안 준비하는 중이야? (지금 현재 시험 공부를 하고 있음)

How long have you studied for the exam?
그 시험 얼마 동안 준비했어? (지금 현재 그 시험 공부를 하는지 알 수 없음)

Let's Practice!

01 이 약을 먹은 지 얼마나 되었니?　　*have you taken / how long / this medicine　?*

02 너는 여기서 일한 지 얼마나 되었니?　　*have you been / here / working / how long　?*

Word

• **own** 소유하다　• **take** 복용하다　• **medicine** 약

Review!

A. 이제까지 배운 대표 다섯 문장을 점검해 봐요. 15초 안에 대답하면 성공!

56	비가 하루 종일 내리고 있어.
57	우리가 도착했을 때 그는 이미 떠났어.
58	그녀는 2월에 일본에 머물고 있을 거야.
59	그 요리 먹어 봤어?
60	이곳에서 얼마나 있었니?

B. 이제 단어를 바꿔서 말해 볼까요? 패턴을 기억해서 말해 보세요.

56	그녀는 하루 종일 음악을 틀어놓고 있어.
57	우리가 정류장에 도착했을 때 버스는 떠났어.
58	나는 내일 과학 시간에 과제를 발표하고 있을 거야.
59	최근에 박물관 가 봤니?
60	이 약을 먹은 지 얼마나 되었니?

A. 정답 56. It has been raining all day. 57. He had already left when we arrived.
58. She will be staying in Japan in February. 59. Have you tried the dish?
60. How long have you been here?

B. 정답 56. She has been playing music all day.
57. The bus had already left when we arrived at the bus stop.
58. I will be presenting my project in science class tomorrow.
59. Have you visited a museum recently? 60. How long have you taken this medicine?

동사의 12가지 변화

영어에서 가장 중요한 품사이자 성분이 바로 '동사'입니다. 동사가 시간에 따라 상황에 따라 모습이 달라지기 때문이지요. 동사의 12가지 모습을 표로 나타내보면 다음과 같아요.

	과거	현재	미래
일반	과거형 (-ed / 불규칙)	현재형 (-s/ -es)	미래형 (be going to / will)
진행	과거진행형 (was/were 동사ing)	현재진행형 (is/are 동사ing)	미래진행형 (will be 동사ing)
완료	과거완료 (had 과거분사)	현재완료 (have/has 과거분사)	미래완료 (will have 과거분사)
완료 진행	과거완료진행형 (had been 동사ing)	현재완료진행형 (has/have been 동사ing)	미래완료진행형 (will have been 동사ing)

- I **played** with them yesterday.
  (과거형)

- She **likes** English. (현재형)

- I **am going to** go swimming
  tomorrow. (미래형)

- I **was taking** a shower. (과거진행형)

- She **is riding** a bike. (현재진행형)

- I **will be traveling** in March.
  (미래진행형)

- By the time he arrived, the meeting
  had finished. (과거완료)

- I **have read** the book several times.
  (현재완료)

- I **will have graduated** from middle
  school next month. (미래완료)

- By the time she arrived, we **had
  been waiting** over an hour.
  (과거완료진행형)

- I **have been studying** English all
  day long. (현재완료진행형)

- By this time next year, I **will have
  been studying** English for five
  years. (미래완료진행형)

Lesson 4

실제 영어,
풍부하게
말할 수 있는 표현

영어는 존댓말이 없을까요? 아닙니다. 아주 친한 사람들과 나눌 수 있는 표현부터 공식적인 자리에서 하는 말까지 다양하답니다. 표현을 자칫 잘못 사용하면 따뜻한 조언이 아니라 강요나 협박이 될 수도 있어요. 예의 바르고 상황에 맞는 영어를 사용하기 위해서는 조동사가 필요해요. 훨씬 풍부한 표현을 하기 위해서는 형용사와 부사의 도움도 필요하고요. 이번 단원에서는 형용사와 부사, 그리고 조동사를 활용한 다양한 표현을 배워 봐요.

영어 독해 공부법

어떻게 하면 영어 독해를 잘할 수 있을까요? 먼저 단어를 많이 알고 있어야
해요. 단어를 모르면 글을 아예 읽을 수 없으니 많이 쓰이는 단어는 모두 암기
하고 있어야 해요. 두 번째로, 영어 어순대로 앞으로 읽어 나가야 해요. 우리말
과 순서가 다르니 다시 뒤로 돌아가면 의미가 뒤죽박죽되거든요. 그렇게 되지
않으려면 영어 문장의 기본 구조는 반드시 알고 있어야 해요. 마지막으로 책을
많이 읽어야 해요. 해석이 다 되었는데 내용이 이해되지 않을 때도 있어요. 이
럴 때는 글의 의미를 파악하지 못했기 때문이죠. 영어 단어를 꾸준히 외우고,
영어 어순대로 문장을 읽어 나가는 연습을 하세요. 여기에 독서까지 더해진다
면 여러분의 영어 독해 실력은 쑥쑥 자랄 거예요.

Today is as hot as yesterday.

오늘은 어제만큼 더워.

[as~as…] : …만큼 ~한

비슷한 상황이나 정도를 이야기할 때 쓰는 표현입니다. 더위가 이어지는 날, 오늘이 어제처럼 여전히 더울 때 'as hot as'를 써 보세요. as와 as 사이에는 상황과 정도를 묘사하는 단어(형용사, 부사)를 넣어야 합니다.

 **Key Sentence**

- Rachel is **as tall as** her mother. Rachel은 그녀의 엄마만큼 키가 커.
- Her dance performance was **as fantastic as** a professional dancer's. 그녀의 춤 공연은 전문가 공연만큼 환상적이었어.

 Every Conversation

A. Rachel is very tall. How old is she?
Rachel은 키가 크구나. 그녀는 몇 살이야?

B. She is 12 years old. She is **as tall as** her mother.
12살이야. 그녀는 자기 엄마만큼 키가 커.

A. I didn't Jenny's performance. How was it?
나는 Jenny의 공연에 안 갔어. 공연은 어땠어?

B. Her dance performance was **as fantastic as** a professional dancer's. 그녀의 춤 공연은 전문가 공연만큼 환상적이었어.

실제 상황에서 많이 쓰이는 관용적인 [as~as] 표현은 통째로 외워 두는 것이 좋아요. 학교 시험에도 자주 나오는 표현들이에요.

> *as soon as possible* : 가능한 한 빨리 / *as fast as I can* : 내가 할 수 있는 한 빨리
> *as good as* : ~와 마찬가지인 / *as well as* : ~뿐만 아니라

 More expressions

I will complete the work **as soon as possible.**
그 일을 가능한 한 빨리 마칠게.

I'll answer your question **as fast as I can.**
내가 할 수 있는 한 빨리 대답할게.

Let's Practice!

01 너의 가방은 내 가방만큼 무겁지 않아.   *as heavy as / your bag / mine / is not*

02 그 방은 쥐 죽은 듯이 조용했다.   *as quiet as / the room / a mouse / was*

Word

- **performance** 공연 • **fantastic** 멋진 • **professional** 전문적인
- **possible** 가능한 • **fast** 빠른, 빨리 • **quiet** 조용한

정답 1. Your bag is not as heavy as mine. 2. The room was as quiet as a mouse.

This is easier than it looks.

이것은 보기보다 쉬워.

[형용사/부사er than~] : ~보다 ~한

형용사나 부사 뒤에 붙은 -er는 비교급을 의미해요. 비교급은 어떤 대상과 비교할 때 사용한답니다. 나보다 더 잘하고, 더 빠르고, 더 큰 대상이 있나요? 한번 말해 보세요.

Key Sentence

- Mike is **taller than** me. Mike는 나보다 키가 커.
- I am two years **older than** Tony. 나는 Tony보다 2살 많아.

Every Conversation

A. You are tall! 너 키가 크구나!

B. Well. Mike is **taller than** me. I want to be taller than him.

Mike는 나보다 키가 커. 난 그보다 더 크고 싶어.

A. You are twins, aren't you? 너희들 쌍둥이지, 그렇지 않니?

B. No. I'm two years **older than** Tony. 아니야. 내가 Tony보다 두 살 많아.

Grammar Point

비교급 구문 중에 [The 비교급~, The 비교급~] 표현이 있어요. '~할수록 더 ~하다'
라는 의미랍니다. 비교급 단어 만드는 방법은 187p를 참고하세요.

More expressions

The sooner, the better. 빠르면 빠를수록 좋아.

The more we study, **the more** we learn.
더 많이 공부할수록 더 많이 배워.

Let's Practice!

01 Mike는 Tony보다 3살 어려.   *younger than / Mike / is three years / Tony*

02 많으면 많을수록 좋아.   *the better / the more,*

Word

- **look** 보다 · **old** 나이 많은 · **soon** 곧 · **better** 더 좋은
- **more** 더 많은 · **learn** 배우다 · **young** 어린

정답 1. Mike is three years younger than Tony. 2. The more, the better.

Cindy is the fastest in my class.

Cindy는 우리 반에서 가장 빨라.

[형용사/부사est + in 장소] : 가장 ~한

어떤 집단이나 장소에서 '가장 ~한' 사람이나 사물을 묘사할 때 사용해요. 형용사나 부사 뒤에 붙은 -est는 최상급을 의미해요. 최상급으로 세계에서 가장 높은 빌딩, 가장 아름다운 도시 등을 말할 수 있지요.

Key Sentence

- My dad is the funniest in my family.
  우리 아빠는 가족 중 가장 재미있으시다.

- The Nile River is the longest in Africa.
  나일강은 아프리카에서 가장 긴 강이야.

Every Conversation

A. Who is going to go to the race? 누가 달리기 경기에 나갈 거야?

B. Cindy is. She is **the fastest in** my class.
   Cindy가 나갈 거야. 우리 반에서 가장 빠르거든.

A. You're really funny. 너 정말 재밌다.

B. My family is funny. My dad is **the funniest in** my family.
   우리 가족 모두 웃겨. 아빠는 가족 중 가장 재미있으셔.

[형용사/부사est]는 여러 가지 중 가장 최고의 것을 말하는 단어라고 해서 '최상급'이라고 합니다. 그런데 좋은 것이 너무 많을 때가 있어요. 이런 상황에서 굳이 하나만 꼽아야 한다면 [one of the 형용사/부사est 복수명사]를 사용해요. '가장 ~한 것 중 하나'라는 의미입니다. 최상급 단어 만드는 방법은 187p를 참고하세요.

More expressions

He is **one of the smartest students** I know.
그는 내가 알고 있는 가장 똑똑한 학생 중 한 명이야.

Ms. Kim is **one of the nicest teachers** in my school.
Kim 선생님은 우리 학교에서 가장 친절한 선생님 중 한 명이야.

Let's Practice!

01 Jenny가 우리 동아리에서 가장 나이가 많아.

the oldest / Jenny / in my club / is

02 파리는 가장 멋진 도시 중 하나야.

one of the greatest cities / Paris / is

Word

• race 경기, 경주 • fun 재미 • funny 우스운
• smart 똑똑한 • great 멋진

정답 1. Jenny is the oldest in my club. 2. Paris is one of the greatest cities.

The movie was boring.

그 영화는 지겨웠어.

[주어 + be동사 + 동사ing(형용사)] : 주어는 ~하다

주어의 성질을 나타낼 때 쓰는 표현입니다. 성질이나 성격을 묘사하는 단어가 형용사인데요, 형용사 중에는 ing로 끝나는 단어들이 있어요. ing로 끝나는 단어는 주어의 성질이나 성격을 나타내고 '~하게 만드는'이라는 의미가 있어요.

Key Sentence

- **It is interesting.** 그것은 흥미로워.
- **The situation is confusing.** 그 상황이 혼란스러워.

Every Conversation

A. Do you want to read this book? **It's interesting.**
이 책 읽을래? 흥미로워.

B. Yes, I do. 응. 그래.

A. Have you heard about the changes in the project deadline?
그 프로젝트 마감일이 바뀐 것을 들었니?

B. Yes, it's all so sudden. **The situation is confusing.**
응, 갑작스럽네. 상황이 혼란스러워.

Grammar Point

[동사ing]는 크게 명사의 역할도 하고, 형용사 역할도 해요. 생김새는 똑같지만 문장에서 역할이 다른 거죠. 명사일 때는 '~하기, ~하는 것'이라는 의미로 '동명사'라고 말해요. 형용사일 때는 '~하는, ~하는 중'이라는 의미로 '현재분사'라고 말합니다. 형태를 만드는 방법은 137p를 참고하세요.

More expressions

I enjoy **reading** a book in my free time.
나는 자유 시간에 책 읽기를 즐긴다. *명사로 쓰임

My English teacher hands out **reading** material in class.
영어 선생님은 수업 시간에 읽기 자료를 나눠 준다. *형용사로 쓰임

Let's Practice!

01 그 소식은 충격이었어.   *shocking / the news / was*

02 시험 결과는 놀라웠어.   *surprising / the test results / were*

Word

- **boring** 지루한   **situation** 상황   **about** ~에 관한
- **sudden** 갑작스러운   **confusing** 혼란스러운   **free time** 자유 시간
- **hand out** 나눠 주다   **material** 자료   **result** 결과   **shocking** 충격적인

정답 1. The news was shocking. 2. The test results were surprising.

Day 65

What an unexpected gift!

정말 뜻밖의 선물이야!

[What + a(n) + 형용사 + 명사 + (주어+동사)!] : 정말 ~하구나!

놀람, 슬픔, 기쁨 등 감탄을 표현하는 것으로 '정말 ~하구나!'라는 의미입니다. 이제까지 배웠던 영어 문장과 어순이 다르기 때문에 구조를 외워 두는 것이 좋아요. 영어 시험에도 자주 나오거든요. 앞 글자만 따서 'what a 형명주동'이라고 외워 보세요.

Key Sentence

- **What a beautiful sunset it is!** 일몰이 정말 멋있어!
- **What a delicious dish this is!** 이 음식 정말 맛있어!

Every Conversation

A. **What a beautiful sunset it is!** 일몰이 정말 멋있어!

B. Yes, this is one of the greatest places to see a sunset in Korea.
여기가 한국에서 일몰을 볼 수 있는 가장 멋진 장소 중 하나지.

A. **What a delicious dish this is!** Who made it?
이 음식 정말 맛있어! 누가 만든 거야?

B. My mom did. She is a great cook.
우리 엄마가 만들었지. 정말 멋진 요리야.

Grammar Point

감탄하는 문장을 만드는 의문사로는 what과 how가 있어요. 감탄하게 만드는 대상이나 상황에 따라 자유롭게 사용해 보세요. 순서만 잘 지키면 돼요.

> [What + a(n) + 형용사 + 명사 + (주어+동사)!]
> [How + 형용사 + (주어+동사)!]
> '주어+동사'는 생략 가능해요.

 More expressions

How adorable that baby is! 저기 아기 정말 귀여워!

How incredible! 정말 엄청나!

Let's Practice!

01 정말 흥미로운 영화였어!   exciting / what / an / movie / was / it   !

02 그거 정말 멋진 아이디어야!   amazing / how / is / it   !

 **Word**

- unexpected 예상치 않은, 뜻밖의 • sunset 일몰 • adorable 귀여운
- incredible 믿을 수 없는, 엄청난 • exciting 흥미로운

정답 1. What an exciting movie it was! 2. How amazing it is!

Review!

A. 이제까지 배운 대표 다섯 문장을 점검해 봐요. 15초 안에 대답하면 성공!

61	오늘은 어제만큼 더워.
62	이것은 보기보다 쉬워.
63	Cindy는 우리 반에서 가장 빨라.
64	그 영화는 지겨웠어.
65	정말 뜻밖의 선물이야!

B. 이제 단어를 바꿔서 말해 볼까요? 패턴을 기억해서 말해 보세요.

61	너의 가방은 내 가방만큼 무겁지 않아.
62	빠르면 빠를수록 좋아.
63	파리는 가장 멋진 도시 중 하나야.
64	그 소식은 충격이었어.
65	일몰이 정말 멋있어!

A. 정답 61. Today is as hot as yesterday. 62. This is easier than it looks.
63. Cindy is the fastest in my class. 64. The movie was boring.
65. What an unexpected gift!

B. 정답 61. Your bag is not as heavy as mine. 62. The sooner, the better.
63. Paris is one of the greatest cities. 64. The news was shocking.
65. What a beautiful sunset (it is)!

More Tips!

형용사와 부사 변화

두 가지 대상을 비교할 때 형용사나 부사를 활용하여, '더 ~한, 덜 ~하게'라는 의미로 만듭니다. 세 가지 이상에서는 '가장 ~한, 하게'로 만듭니다. 형용사나 부사가 어떻게 변하는지 살펴보아요.

	비교급(더 ~한)		최상급(가장 ~한)	
형용사/부사 (대부분의 단어)	-er	older, younger, faster, slower, taller, shorter 등	-est	oldest, youngest, fastest, slowest, tallest, shortest 등
e로 끝날 때	-r	cute → cuter wide → wider safe → safer wise → wiser 등	-st	cute → cutest wide → widest safe → safest wise → wisest 등
y로 끝날 때	-ier	busy → busier easy → easier happy → happier pretty → prettier 등	-iest	busy → busiest easy → easiest happy → happiest pretty → prettiest 등
단모음+단자음 → 단자음 한 번 더 쓰고	-er	big → bigger hot → hotter 등	-est	big → biggest hot → hottest 등
2음절 이상 단어 또는 -ly로 끝나는 단어	단어 앞에 more를 붙임 beautiful, difficult, expensive, slowly 등		단어 앞에 most를 붙임 beautiful, difficult, expensive, slowly 등	
good / well	better		best	
bad / badly	worse		worst	
many / much	more		most	
little	less		least	
far	farther / further		farthest / furthest	

I am disappointed with the result.

나는 그 결과에 실망했어.

[주어 + be동사 + 동사ed(형용사)] : 주어는 ~하다(주어의 감정)

주어의 감정이나 느낌을 나타낼 때 쓰는 표현입니다. 감정을 나타내는 단어가 형용사이지요. be동사뿐 아니라 feel(~라고 느끼다), get(~하게 되다)의 동사와도 같이 쓴답니다.

Key Sentence

- **I'm interested** in science. 나는 과학에 관심이 있어.
- **I'm satisfied** with this course. 나는 이 과정이 마음에 들어.

Every Conversation

A. What do you want to be? 너는 뭐가 되고 싶어?

B. I'm not sure, but **I'm interested** in science these days.

확실하지 않지만 요즘 과학에 관심이 있어.

A. How are you? I've heard you start a new language course.

요즘 어때? 네가 새로운 언어 과정을 시작했다는 얘기를 들었어.

B. Great! **I'm very satisfied** with this course.

정말 좋아. 나는 이 과정이 정말 마음에 들어.

감정은 어떤 상황 때문에 생기는 것이라 '과거분사(-ed)'를 사용해요. 반면 상황
은 감정에 영향을 주기 때문에 '현재분사(-ing)'를 사용합니다.

More expressions

I'm **bored** with everything.

나는 모든 것이 지겨워. *지루해진 감정

The class situations are **boring** these days.

요즘 반 분위기가 너무 지루해. *지루한 상황

Let's Practice!

01 그녀는 자기 일에 만족해.　　*satisfied / she is / with her job*

02 나는 따뜻한 욕조에서 편안함을 느껴.　*feel / I / in a hot bath / relaxed*

Word

• **disappointed** 실망한　• **interested** 흥미를 가지는　• **satisfied** 만족한
• **course** 과정　• **bored** 지겨운　• **job** 직업, 일　• **feel** 느끼다　• **bath** 욕조

정답　1. She is satisfied with her job.　2. I feel relaxed in a hot bath.

Will you do **me a favor?**

제 부탁을 들어 줄래요?

[Will you 동사원형?] : ~할래요?

상대방에게 요청이나 허락을 구할 때 사용하는 표현입니다. 상대의 의향을 물어보면서 제안을 하는 거죠. 가까운 사이에 가볍게 부탁할 때 사용할 수 있는 표현입니다.

Key Sentence

- **Will you join** us for dinner tonight? 오늘 저녁 같이할래요?
- **Will you help** me with my homework? 내 숙제를 도와줄래요?

Every Conversation

A. **Will you join** us for dinner tonight? 오늘 저녁 같이할래요?

B. Oh, sorry. I'm planning to attend a meeting tonight.
오 미안해요. 오늘 밤 회의에 참석할 예정이에요.

A. **Will you help** me with my homework?
내 숙제를 도와줄래?

B. Yes, I will. What's the problem? 그럴게. 뭐가 문제야?

will은 주어의 의지를 표현하는 조동사입니다. [Will you 동사원형?]은 상대방이 그 행동을 할 의지가 있는지 물어보는 의미가 있어요. 많이 쓰는 표현으로 [Will you be able to 동사원형?]이 있는데 이는 상대방에게 이 일을 할 수 있는지 가능성이 있는지 물어보는 것입니다. 상대방의 의지와 한계를 고려해서 물어보는 느낌을 주지요.

More expressions

Will you be able to make it? 할 수 있겠어요?

Will you be able to finish the project by the end of the day?
오늘 중으로 프로젝트를 완료할 수 있겠어요?

Let's Practice!

01 토요일에 우리 집에 올래요?   *on Saturday / will you come / to my house   ?*

02 다음 주 워크숍에 참석할 수 있겠어요?   *will you / to attend / be able / next week / the workshop   ?*

Word

- **favor** 친절 - **join** 함께 하다 - **by** ~까지 - **be able to** ~할 수 있다
- **the end of the day** 오늘이 끝날 무렵

정답 1. Will you come to my house on Saturday?
  2. Will you be able to attend the workshop next week?

68

Would you like to have dinner with us?

저희와 저녁 드시겠어요?

[Would you like to 동사원형?] : ~을 하시겠어요?

상대방에게 공손하게 청하는 표현입니다. 여기서 'like'는 'want'의 의미로 'Do you want to~?'의 높임말이라고 볼 수 있어요. 물어보는 것 같지만 실제로는 정중하게 권유하는 상황에서 쓰이지요.

 Key Sentence

- **Would you like to visit** the museum with us?

  저희와 박물관에 가시겠어요?

- **Would you like to participate** in the charity event?

  자선행사에 참가하시겠어요?

Every Conversation

A. **Would you like to visit** the museum with us?

저희와 박물관에 가시겠어요?

B. Yes, I'd like to.　네, 그러고 싶네요.　　　　　*I'd = I would

- -

A. **Would you like to participate** in the charity event?

자선행사에 참가하시겠어요?

B. Oh, I'm sorry, but I'll participate next time.

미안해요. 다음에 참여할게요.

192　하루 한 장 영어 표현 & 영문법

Grammar Point

[Would you like 명사?]라는 표현도 있어요. '~을 원하시나요?, ~을 드릴까요?'라는 의미로 'to 동사원형' 대신에 '명사'로 바로 표현하는 말이죠.

More expressions

Would you like something to drink?

마실 것 드릴까요?

Would you like a piece of cake for dessert?

디저트로 케이크 좀 드릴까요?

Let's Practice!

01 산책하시겠어요?   take a walk / would you / like to　?

02 커피 한 잔 드릴까요?   would you / a cup of coffee / like　?

Word

- **order** 주문하다 · **charity** 자선 · **participate** 참여하다
- **piece** 조각 · **dessert** 디저트 · **take a walk** 산책하다

정답 1. Would you like to take a walk? 2. Would you like a cup of coffee?

I can't wait for his birthday party!

그의 생일 파티가 기대된다.

[I can't wait~] : ~이 정말 기대된다

견딜 수 없을 정도로 기대할 때 사용하는 표현입니다. 빨리 무언가를 하고 싶어 참을 수 없다는 강한 의미가 있어요. for 뒤에는 기대되는 대상(명사), to 뒤에는 기대되는 행동(동사)을 씁니다.

- I can't wait for a field trip. 체험 학습 정말 기대된다.
- I can't wait to eat lunch. 빨리 점심 먹고 싶어.

 Every Conversation

A. Are you going to go on a field trip next week?
다음 주에 체험 학습 가지?

B. Yes, **I can't wait** for it. 응, 정말 기대돼.

A. What is for lunch today? 오늘 점심 메뉴는 뭐야?

B. It is a pork cutlet. **I can't wait** to eat lunch.
돈가스야. 빨리 점심 먹고 싶어.

기대하는 또 다른 표현으로 [주어 + be동사 looking forward to 명사/동사ing]가 있어요. 여기서 중요한 것은 'to' 다음에 명사나 동사ing가 온다는 점이에요.

More expressions

I'm looking forward **to this trip.** 나는 여행을 기대하고 있어.

I'm looking forward **to seeing Jenny.**
나는 Jenny를 만나는 것을 기대하는 중이야.

Let's Practice!

01 빨리 겨울 방학이 되었으면 좋겠어.　　I can't wait / winter vacation / for

02 나는 이번 여행을 기대하고 있지 않아.　　I'm not / to this trip / looking forward

Word

- **field trip** 체험 학습 • **pork cutlet** 돈가스 • **forward** 앞으로
- **see** 보다, 만나다 • **vacation** 방학, 휴가

정답 1. I can't wait for winter vacation. 2. I'm not looking forward to this trip.

Day
70

Can you hear **me?**

내 목소리 들리나요?

[Can you 동사원형~?] : ~할 수 있니?, ~해 줄래?

상대방의 능력이나 가능성을 물어볼 때 사용합니다. 특히 위 문장은 전화 통화를 하거나 영상 강의를 들을 때 상대방이 소리를 들을 수 있는지 확인할 때 쓰는 표현 이랍니다. 상대방의 능력을 물어볼 뿐 아니라 친한 사이에 가벼운 부탁을 할 때도 사용할 수 있다는 점도 알아두세요.

 Key Sentence

- **Can you play** the piano? 피아노 칠 수 있니?
- **Can you pass** me the salt? 그 소금 나에게 건네줄래?

Every Conversation

A. I need a partner for a talent show. **Can you play** the piano?
나 장기자랑을 위해 짝이 필요해. 너 피아노 칠 수 있어?

B. Yes, I can. But I'm very shy in front of people.
응. 칠 수 있어. 하지만 나는 사람들 앞에서 부끄러움이 많아.

A. This soup is bland. **Can you pass** me the salt?
국이 싱거워. 소금 좀 건네줄래?

B. Yes, here it is. 응. 여기 있어.

hear와 listen은 모두 '듣다'라는 뜻이지만 차이가 있습니다. hear는 의식적으로 노력하지 않아도 듣는 행위입니다. Can you hear me?에서 hear를 쓰는 이유는 물리적인 또는 기술적인 부분에서 들리는지 확인하는 것이죠. listen은 소리에 집중해서 주의를 기울일 때 사용합니다. 듣기 평가가 listening test인 것도 집중해서 듣는다는 의미가 있기 때문이죠.

More expressions

I **heard** someone shouting last night.
나는 어젯밤에 누군가 소리치는 것을 들었어.

I enjoy **listening** to music before sleeping.
나는 자기 전에 음악 듣는 것을 즐겨.

Let's Practice!

01 너는 수영할 수 있니?   *swim / can you*   ?

02 나 도와줄 수 있니?   *help / me / can you*   ?

Word

• hear 듣다 • pass 건네다 • bland 단조로운, 특별한 맛이 안 나는
• in front of ~앞에 • shout 외치다

정답 1. Can you swim? 2. Can you help me?

Review!

A. 이제까지 배운 대표 다섯 문장을 점검해 봐요. 15초 안에 대답하면 성공!

66	나는 그 결과에 실망했어.
67	제 부탁을 들어 줄래요?
68	저희와 저녁 드시겠어요?
69	그의 생일 파티가 기대된다.
70	내 목소리 들리나요?

B. 이제 단어를 바꿔서 말해 볼까요? 패턴을 기억해서 말해 보세요.

66	나는 이 과정이 마음에 들어.
67	토요일에 우리집에 올래요?
68	커피 한 잔 드릴까요?
69	체험 학습 정말 기대된다.
70	그 소금 나에게 건네줄래?

A. 정답 66. I am disappointed with the result. 67. Will you do me a favor?
68. Would you like to have dinner with us? 69. I can't wait for his birthday party!
70. Can you hear me?

B. 정답 66. I'm satisfied with this course. 67. Will you come to my house on Saturday?
68. Would you like a cup of coffee? 69. I can't wait for a field trip.
70. Can you pass me the salt?

접속사

'접속사'는 문장과 문장, 단어와 단어를 연결하는 단어입니다. 접속사를 사용하면 풍부한 문장을 만들 수 있어요.

1. 원인을 표현하는 접속사(~때문에) : because, since, as

She didn't go to the party **because** she wasn't feeling well.
그녀는 파티에 가지 않았다. 왜냐하면 몸이 좋지 않았기 때문이다.

As it was raining, we decided to stay indoors.
비가 많이 내렸기 때문에 우리는 실내에 있기로 했다.

2. 시간을 표현하는 접속사 : after(~후에), before(~전에), when(~할 때)

After I finish my homework, I will go for a walk.
나는 숙제를 마친 후에, 산책을 할 것이다.

When I was younger, I used to play soccer every weekend.
내가 어렸을 때, 나는 주말마다 축구를 하곤 했다.

3. 대조를 표현하는 접속사(~에도 불구하고) : although, though

He went to the party, **although** he wasn't feeling well.
그는 몸이 좋지 않았지만, 파티에 갔다.

Though she had studied hard, she didn't pass the exam.
비록 그녀는 열심히 공부했지만, 시험에 통과하지 못했다.

4. 조건을 표현하는 접속사 : if(~라면), unless(~하지 않으면)

I'll be late for dinner **if** the meeting runs late.
회의가 늦게까지 이어지면 나는 저녁 식사에 늦을 거야.

Unless you study, you won't pass the exam.
너는 공부하지 않으면, 시험에 통과하지 않을 거야.

Day 71

May I see **the letter?**

제가 그 편지 봐도 될까요?

[May I 동사원형?] : 제가 ~해도 될까요?

매우 정중하고 예의 바르게 허락을 구하는 표현입니다. 상대방이 가지고 있는 편지를 보고 싶을 땐 아주 조심스럽게 부탁해야겠지요? 상대방의 허락을 구하지 않고는 불가능한 일을 부탁할 때 사용하는 표현입니다.

Key Sentence

• **May I be** excused? 실례해도 될까요?

• **May I use** the printer in the office?
사무실에 있는 프린터기를 사용해도 될까요?

Every Conversation

A. **May I be** excused? I have another meeting.
먼저 일어나도 될까요? 다른 회의가 있어서요.

B. Certainly. 그렇게 하세요.

A. **May I use** the printer in the office?
사무실에 있는 프린터기를 사용해도 될까요?

B. Sure. 그럼요.

Grammar Point

[Can I 동사원형?]과 [May I 동사원형?] 모두 상대방의 허락을 구하는 표현이지만 반드시 상황이나 상대에 따라 구별해서 사용해야 해요. [Can I 동사원형?]은 격의 없는 사이에서 가벼운 동의를 구할 때, [May I 동사원형?]은 상대방의 허락이 반드시 있어야 하는 상황에서 사용합니다.

More expressions

Can I buy you lunch? 내가 점심 살까?

May I ask you some questions? 제가 질문을 몇 가지 해도 될까요?

Let's Practice!

01 제가 들어가도 될까요?　　　　　come in / may I ?

02 제가 당신의 핸드폰을 사용할 수　　may I / your phone / use   ?
있을까요?

Word

- **excuse** 용서하다, 변명하다 · **certainly** 틀림없이, 그럼요
- **printer** 프린트 · **office** 사무실 · **for a moment** 잠시 동안

정답 1. May I come in? 2. May I use your phone?

You must finish this work by tomorrow.

너는 내일까지 이 일을 마쳐야 해.

[주어 must 동사원형] : 주어는 (반드시) ~을 해야만 해

[주어 must 동사원형]은 말하는 사람이 상대방에게 의무를 이야기할 때 쓰는 표현입니다. '반드시' 해야 한다는 의미가 있어서 규칙이나 규정을 말할 때 사용합니다. must 뒤에 상대방이 해야 하는 행동(동사)을 말하면 됩니다.

Key Sentence

- **You must do** well on the test. 시험 잘 쳐야 해.
- **You must listen** to the teacher during the lesson.
  수업 시간에 선생님 말씀 잘 들어야 해.

Every Conversation

A. **You must do** well on the test. 시험 잘 쳐야 해.

B. Don't say that. I feel pressured. 그렇게 말하지 마. 부담돼.

A. **You must listen** to the teacher during the lesson.
  수업 시간에 선생님 말씀 잘 들어야 해.

B. I will. 그럴게요.

Grammar Point

must는 상대방에게 강한 의무를 이야기할 때 쓰는 조동사예요. 조동사는 주어에 따라 형태가 바뀌지 않아요. '하면 안 된다'라고 강하게 말할 때는 must not을 쓰면 됩니다.

More expressions

We must follow the safety guidelines in the laboratory.
우리는 실험실에서 안전 수칙을 따라야 한다.

You must not talk while eating. 먹는 중에 말하면 안 돼.

Let's Practice!

01 너는 네 방을 청소해야 해.   *clean up / you must / your room*

02 문 잠그는 것을 잊어서는 안 된다.   *forget / to lock / you must not / the door*

Word

- **feel pressured** 압박감을 느끼다 ・**safety** 안전 ・**guideline** 지침
- **laboratory** 실험실 ・**while** ~동안 ・**forget** 잊다

정답 1. You must clean up your room. 2. You must not forget to lock the door.

You must be **tired.**

너는 피곤하구나.

[주어 must be 명사/형용사] : 주어는 (틀림없이) ~야

[You must be 명사/형용사]는 상대방의 상태나 상황을 거의 확신할 때 사용하는 표현입니다. 주위 상황을 미루어 짐작해서 그럴 가능성이 높은, 강력한 추측을 뜻하는 것이죠.

 **Key Sentence**

- **You must be** his daughter. 네가 그의 딸이구나.
- **She must be** sick. 그녀는 아픈 것이 틀림없어.

 Every Conversation

A. **You must be** John's daughter. You look like your dad.
네가 John의 딸이구나. 아빠랑 닮았어.

B. Yes, I am. 네. 제가 그의 딸이에요.

A. Jenny looks pale today.
Jenny가 오늘 창백해 보여.

B. Yes, **She must be** sick. 응. 그녀는 아픈 것이 틀림없어.

Grammar Point

[must be~] 표현은 높은 확실성을 이야기할 때 사용합니다. 상대방에 대한 확신뿐 아니라 상황에 대한 강한 추측에서도 많이 쓰이지요. 거의 단정적이기 때문에 95% 이상 확신할 때 사용해요.

More expressions

Look at those dark clouds. It **must be** going to rain soon.
저기 먹구름 봐. 틀림없이 곧 비가 올 거야.

The traffic jam on the highway. It **must be** due to an accident.
고속도로가 막혔어. 사고 때문인 게 틀림없어.

Let's Practice!

01 너는 졸리는 게 틀림없어.　　*be sleepy / you must*

02 틀림없이 곧 눈이 올 거야.　　*it must / soon / snow / be going to*

Word

· **daughter** 딸　· **look like** ~처럼 보이다, ~일 것 같다　· **traffic jam** 교통 체증
· **highway** 고속도로　· **due to** ~때문에　· **accident** 사고

정답　1. You must be sleepy.　2. It must be going to snow soon.

I have to buy a birthday gift for her.

나는 그녀를 위해 생일 선물을 사야 해.

[주어 have(has) to 동사원형] : 주어는 ~해야 한다

어떤 일을 해야 한다고 말할 때 사용해요. must에 비해 강제성이 약하지만 꼭 해야 하는 일을 말할 때 사용해요.

Key Sentence

- **You have to** wake up early every day. 너는 매일 일찍 일어나야 해.
- **She has to clean** the house. 그녀는 집을 청소해야 해.

Every Conversation

A. Tomorrow is the first day of school.
You have to wake up early every day.
내일은 학교 첫날이야. 너는 매일 일찍 일어나야 해.

B. Yes, I have to. 네. 그렇게 해야 해요.

A. The guests are coming soon. 손님들이 곧 올 거야.

B. **She has to clean** the house. 그녀는 집을 청소해야 해.

[don't(doesn't) have to 동사원형]은 '~할 필요가 없다', '~하지 않아도 된다'라는 의미예요. '~해야 하나요?'라고 물어볼 때는 [Do(Does) + 주어 + have to 동사원형?] 형태를 사용해요.

More expressions

You **don't have to bring** anything to the party.

너는 파티에 아무것도 가져올 필요는 없어.

Do I have to make a reservation for Christmas dinner?

내가 크리스마스 저녁 식사를 예약해야 하니?

Let's Practice!

01 나는 여기서 그를 기다려야 해.　　　*wait for / here / I have to / him*

02 그녀는 오지 않아도 돼.　　　*she / come / doesn't have to*

Word

• **bring** 가져오다　• **wait** 기다리다　• **make a reservation** 예약하다

정답　1. I have to wait for him here.　2. She doesn't have to come.

Day 75

I need to exercise regularly for better health.

난 건강을 위해 규칙적으로 운동할 필요가 있어.

[주어 need to 동사원형~] : 주어는 ~할 필요가 있어

need는 '~을 필요로 하다, ~해야 하다'라는 뜻이 있어요. need 뒤에 명사, 또는 to 동사원형을 붙여서 자신이 해야 할 일을 말하거나 상대방에게 조언할 때 사용해요.

Key Sentence

- **I need some time** to finish this work.
  나는 이 과제를 마치기 위해 시간이 좀 필요해.

- **He needs to finish** his homework before going out.
  그는 밖에 나가기 전에 숙제를 마쳐야 해.

Every Conversation

A. Have you finished your work? 과제를 마쳤나요?

B. No, I haven't. **I need some time** to complete it.
아니요. 저는 이 과제를 마치기 위해 시간이 좀 필요해요.

A. Can John go out to play now? John은 지금 놀러 나갈 수 있어?

B. No, he can't. **He needs to finish** his homework before going out.
아니, 안 돼. 그는 밖에 나가기 전에 숙제를 마쳐야 해.

'~할 필요가 없어'라고 말할 때는 [You don't need~]라고 하면 돼요. must나 have to 보다는 약한 의미가 있어요.

More expressions

You don't need to stress about the exam.
시험에 스트레스를 받을 필요는 없어.

She doesn't need to finish the book today.
그녀는 그 책을 오늘 다 끝낼 필요는 없어.

Let's Practice!

01 너는 그 일에 대해 사과할 필요가 있어.   *to apologize / you need / for it*

02 나는 지금 가게에 갈 필요는 없어.   *to go / to the store / I don't need*

Word

• **regularly** 규칙적으로   • **stress** 스트레스를 받다(주다)

정답 1. You need to apologize for it. 2. I don't need to go to the store.

Review!

A. 이제까지 배운 대표 다섯 문장을 점검해 봐요. 15초 안에 대답하면 성공!

71	제가 그 편지 봐도 될까요?
72	너는 내일까지 이 일을 마쳐야 해.
73	너는 피곤하구나.
74	나는 그녀를 위해 생일 선물을 사야 해.
75	난 건강을 위해 규칙적으로 운동할 필요가 있어.

B. 이제 단어를 바꿔서 말해 볼까요? 패턴을 기억해서 말해 보세요.

71	제가 들어가도 될까요?
72	수업 시간에 선생님 말씀 잘 들어야 해.
73	네가 그의 딸이구나.
74	그녀는 오지 않아도 돼.
75	너는 그 일에 대해 사과할 필요가 있어.

A. 정답 71. May I see the letter? 72. You must finish this work by tomorrow.
73. You must be tired. 74. I have to buy a birthday gift for her.
75. I need to exercise regularly for better health.

B. 정답 71. May I come in? 72. You must listen to the teacher during the lesson.
73. You must be his daughter. 74. She doesn't have to come.
75. You need to apologize for it.

More Tips!

조동사 활용

조동사란 '동사의 의미를 도와주는 동사'예요. 조동사를 잘 활용하면 더 풍부하게 생각을 전달할 수 있어요. 조동사 뒤에는 동사원형이 온다는 것도 잊지 마세요.

1. 능력 : can, could

I **can** play the piano. 나는 피아노를 칠 수 있어.

2. 허락 : can, could, may

Could you use your phone, please? 당신의 폰을 사용할 수 있을까요?

3. 가능성과 확신 : may, might, could, must

I **might** go to the library tomorrow. 나는 내일 도서관에 갈지도 몰라.

4. 필요성 : must, have to

Students **must** wear uniforms to school. 학생들은 교복을 입고 학교에 가야 해.

5. 조언, 충고 : should, ought to

You **should** see a doctor. 너는 병원에 가 보는 것이 좋겠어.

6. 예상, 가능성 : will, would

She **would** be tired the next day. 그녀는 다음날 피곤했을 거야.

7. 즉각적인 결정, 강한 의지 : will

I'**ll** wait for you if you like. 네가 좋다면 널 기다릴게.

8. 정중한 요청 : would

Would you like to try this new restaurant with me?
저와 새로운 식당에 가시겠어요?

Day 76

You should see a doctor.

너는 병원에 가는 게 좋겠어.

[You should 동사원형] : 너는 ~하는 게 좋을 것 같다

상대방에게 부드러운 충고나 조언할 때 사용합니다. 앞에서 배운 표현들보다는 조금 가벼운 강제성을 가지고 있어 가까운 사이에 많이 사용해요.

- **You should apologize** to him. 너는 그에게 사과하는 것이 좋겠어.
- **You should eat** more fruits and vegetables for a balanced diet.
  균형 잡힌 식단을 위해 과일과 채소를 더 섭취하는 것이 좋을 것 같아.

A. Mike is angry at me. What should I do?
Mike가 화가 났어. 어떻게 해야 할까?

B. **You should apologize** to him.   너는 그에게 사과하는 것이 좋겠어.

A. **You should eat** more fruits and vegetables for a balanced diet.
균형 잡힌 식단을 위해 과일과 채소를 더 섭취하는 것이 좋을 것 같아.

B. Yes, I need to plan my diet better.
맞아. 더 나은 식단 계획을 해야겠어.

[You should 동사원형]은 상대방에게 긍정적인 조언과 권유를 하는 표현입니다.
'~하지 마, ~하지 않는 것이 좋겠어'라고 조언할 때는 [You should not(shouldn't)
동사원형]으로 말해요.

More expressions

You shouldn't skip breakfast. 너는 아침을 거르지 않는 것이 좋겠어.

You shouldn't tell a lie. 거짓말을 하면 안 돼.

Let's Practice!

01 너는 자기 전에 양치질하는 게 좋아.   *brush your teeth / you should / before sleeping*

02 사탕을 너무 많이 먹지 않는 것이 좋겠어.   *you shouldn't / too much / eat / candy*

Word

- **balanced** 균형 잡힌 · **diet** 식단
- **skip** 건너뛰다, 거르다 · **tell a lie** 거짓말하다

정답 1. You should brush your teeth before sleeping.
      2. You shouldn't eat too much candy.

I should have apologized first.

내가 먼저 사과해야 했어.

[주어 should have 과거분사] : 주어는 ~해야 했다, ~할 걸 그랬다

후회나 안타까움, 아쉬움을 표현할 때 유용하게 사용할 수 있어요. 실제 대화 속에서는 [should've 과거분사(p.p)]로 줄여서 말해서 'have'가 잘 들리지 않을 수 있으니 주의하세요.

 **Key Sentence**

- **I should have brought** an umbrella. 우산을 가져와야 했는데.
- **I should've been** more careful. 내가 좀 더 조심해야 했어.

 Every Conversation

A. It's heavy rain. 비가 많이 온다.

B. Oh. **I should have brought** an umbrella. 우산을 가져와야 했는데.

A. What's the matter with your leg? 발에 무슨 문제 있어?

B. I fell on the stairs. **I should've been** more careful.
계단에서 넘어졌어. 내가 좀 더 조심해야 했는데.

Grammar Point

[should not have 과거분사(p.p)]는 '~하지 말았어야 했는데'라는 뜻으로, 과거에 했던 행동에 대해 후회하거나 아쉬움을 표현할 때 사용해요.

More expressions

I shouldn't have told you. 네가 너에게 말하지 말았어야 했어.

You shouldn't have done that. 너는 그러지 말아야 했어.

Let's Practice!

01 내가 너에게 전화해야 했어.　　　　*I should / you / have called*

02 내가 너무 먹지 않았어야 했어.　　　*I should not / too much / have eaten*

Word

- **fell on** 넘어지다　• **heavy** (양이) 많은, 심한
- **stair** 계단　• **careful** 조심스러운

정답　1. I should have called you.　2. I should not have eaten too much.

Day 78

There used to be a lake around here.

여기 근처에 호수가 있었어.

[used to 동사원형] : ~를 했다, ~하곤 했다

과거에는 있었는데, 지금은 없어진 추억의 장소가 있나요? [used to 동사원형]은 과거에 '~를 했다, ~하곤 했다'라는 뜻이에요. 과거에 있었는데 지금은 없어진 장소, 과거에는 했지만 지금은 하지 않는 일을 말할 때 사용해요.

- I **used to play** the piano when I was a child.
  나는 어렸을 적에 피아노를 쳤어.

- We **used to have** a dog, but it passed away.
  우리는 강아지를 길렀었는데 죽었어.

 Every Conversation

A. Do you play the piano? 너 피아노 치니?

B. I **used to play** the piano when I was a child.
나는 어렸을 적에 피아노를 쳤어.

A. Do you have a pet? 애완동물 키우니?

B. We **used to have** a dog, but it passed away.
강아지를 길렀었는데 죽었어.

Grammar Point

[used to]를 이용하여 '예전에 ~했었니?'라고 물을 때는 [Did + 주어 + use + to 동사 원형?]으로 표현해요. 대답은 [Yes, 주어 did], [No, 주어 didn't]로 답합니다.

 More expressions

Did they **use to be** friends? 그들은 친구였어?

Did there **use to be** a large park over there? 저기에 큰 공원이 있었어?

Let's Practice!

01 나는 어렸을 때 시골에 살았어.　　*in the countryside / live / I used to / I was little / when*

02 너는 어렸을 때 축구를 했니?　　*use to / did you / when / you were younger / play soccer   ?*

Word

- **lake** 호수 ・**around** 주위에 ・**pass away** 죽다
- **countryside** 시골 ・**holiday** 명절, 공휴일

정답 1. I used to live in the countryside when I was little.
2. Did you use to play soccer when you were younger?

Day 79

Students are supposed to wear school uniforms.

학생들은 교복을 입어야 해.

[be supposed to 동사원형] : ~하기로 되어 있다, ~해야 한다

[be supposed to 동사원형]은 의무나 요구, 약속이 계획되어 있을 때 사용해요. 사회적 규범, 외부의 기대를 포함하고 있어 'should'보다는 강한 의미가 있답니다.

- You **are supposed to arrive** on time for the interview.
  너는 인터뷰를 위해 제시간에 도착해야 해.
- We **are supposed to finish** this work by Monday.
  우리는 이 과제를 월요일까지 끝내야 해.

 Every Conversation

A. You **are supposed to arrive** on time for the interview.
너는 인터뷰를 위해 제시간에 도착해야 해.

B. Sure. I won't be late.   그래. 늦지 않을게.

A. What are we supposed to do?   우리는 무엇을 해야 하지?

B. We **are supposed to finish** this work by Monday.
우리는 이 과제를 월요일까지 끝내야 해.

'~해야 한다'라는 의미의 표현이 많았지요. 우리말로는 비슷하지만, 실제 쓰임에는
차이가 있습니다.

1. must는 강한 의지나 생각으로 반드시 해야 한다는 의미가 있어요.
2. should는 상대방에게 조언이나 충고할 때 사용해요.
3. have to는 외부적인 요인이나 필요로 해야 할 때 사용하지만 '반드시'의 의미는 적어요.
4. be supposed to는 원래 계획되어 있거나 의무가 있는 것을 해야 할 때 사용해요.

 More expressions

You **should** go to bed early.

너는 일찍 자러 가는 것이 좋겠어. *부드러운 조언

You **are supposed to go** to bed at 10 p.m.

너희들은 10시에 자러 가야 해. *10시에 자기로 합의된 사항

Let's Practice!

01 우리는 내일 축구 경기에
참여해야 해.

tomorrow / to join / we are supposed /
the soccer game

02 그들은 여기에서 만나기로
했어.

to meet / they are supposed / here

Word

• **suppose** 생각하다, 가정하다 • **go to bed** 자러 가다 • **early** 일찍

정답 1. We are supposed to join the soccer game tomorrow.
2. They are supposed to meet here.

Day
80

I prefer English to math.

나는 수학보다 영어가 좋아.

[prefer A to B] : B보다 A를 더 좋아하다

이 표현은 두 가지 이상 선택지 중에서 더 선호하는 것을 이야기할 때 사용합니다.
A와 B에는 명사 형태의 단어가 들어가는데 더 선호하는 대상이 앞에 오고, 비교 대
상이 to 뒤에 와야 해요!

 Key Sentence

- He **prefers tea to coffee.** 그는 커피보다 차를 좋아해.
- They **prefer watching movies to reading books.**
  그들은 책을 읽는 것보다 영화를 보는 것을 좋아해.

 Every Conversation

A. Which does Daniel prefer, tea or coffee?
Daniel은 차와 커피 중 뭘 더 좋아해?

B. He **prefers tea to coffee.** 그는 커피보다 차를 좋아해.

- -

A. Do they want to read books? 그들은 책을 읽고 싶어 해?

B. They **prefer watching movies to reading books.**
그들은 책 읽는 것보다는 영화 보는 것을 더 좋아해.

prefer는 '~을 선호하다, 더 좋아하다'라는 의미가 있으므로 비교 대상이 없어도 쓸 수 있어요. [prefer 명사], [prefer to 동사원형] 형태로 사용하세요.

More expressions

I **prefer dressing** casually. 나는 편하게 입는 것을 좋아해.

I **prefer to read** books in my free time. 나는 한가한 시간에 책 읽는 것을 선호해.

Let's Practice!

01 나는 아침보다 저녁에 운동하는 것을 좋아해.

in the evening / exercising / I prefer / to the morning

02 그는 주말에는 집에 있는 것을 좋아해.

to stay / on weekends / at home / he prefers

Word

- **prefer** ~을 좋아하다, 선호하다 • **dress** 옷을 입다
- **casually** 대충, 무심하게, 건성으로 • **at home** 집에

정답 1. I prefer exercising in the evening to the morning.
2. He prefers to stay at home on weekends.

Review!

A. 이제까지 배운 대표 다섯 문장을 점검해 봐요. 15초 안에 대답하면 성공!

76	너는 병원에 가는 것이 좋겠어.
77	내가 먼저 사과해야 했어.
78	여기 근처에 호수가 있었어.
79	학생들은 교복을 입어야 해.
80	나는 수학보다 영어가 좋아.

B. 이제 단어를 바꿔서 말해 볼까요? 패턴을 기억해서 말해 보세요.

76	너는 아침을 거르지 않는 것이 좋겠어.
77	내가 너에게 말하지 말았어야 했어.
78	나는 어렸을 적에 피아노를 쳤어.
79	너희들은 10시에 자러 가야 해.
80	그는 주말에는 집에 있는 것을 선호해.

A. 정답 76. You should see a doctor. 77. I should have apologized first.
78. There used to be a lake around here.
79. Students are supposed to wear school uniforms. 80. I prefer English to math.

B. 정답 76. You shouldn't skip breakfast. 77. I shouldn't have told you.
78. I used to play the piano when I was a child. 79. You are supposed to go to bed at 10 p.m.
80. He prefers to stay at home on weekends.

부정대명사

정해지지 않은 막연한 것을 가리키는 단어들이 있어요. 바로 '부정대명사'입니다. 여기서 '부정'은 '정해지지 않은'이란 의미랍니다.

1. one(하나) : 앞에서 말한 명사와 같은 종류의 불특정한 하나

I have several pens. I can lend you one.

나는 여러 개 펜이 있어. 너에게 하나 빌려 줄 수 있어.

2. another(또 다른 하나) : 앞에서 말한 명사와 같은 종류의 하나

She finished reading one book and then started another.

그녀는 하나의 책을 마치고, 또 다른 하나(책)를 시작했다.

3. others(다른 것들) : 앞에서 말한 것 이외 다른 일부의 것들

Some people prefer tea, but others prefer coffee. The others in the group haven't decided yet.

어떤 사람들은 차를 좋아하지만 어떤 사람들은 커피를 좋아한다. 그 모둠의 나머지는 아직 정하지 않았다.

4. the other(다른) : 둘 중 나머지 하나

I have two cats. One is black, and the other is white.

나는 고양이 두 마리를 키운다. 한 마리는 검정이고, 다른 한 마리는 흰색이다.

5. the others(다른 것들) : 여러 개 중 나머지 것들

I have three siblings; one is older, and the others are younger.

나는 세 명의 형제가 있는데 한 명은 나보다 나이가 많고, 나머지(둘)는 어리다.

Lesson 5

실전 영어,
영어답게, 더 유창하게
활용할 수 있는 표현

좀 더 긴 문장으로 이야기하고 싶을 때, 상황을 자세하게 전달하고 싶을 때가 있어요. 실제 원어민이 쓰는 유창한 표현도 써 보고 싶지요. 비법은 영어식 사고를 하는 거예요. 영어는 말하고자 하는 내용이 먼저 나와요. 사건이 먼저 나오고 이유나 배경이 뒤에 나오는 거죠. 이번 단원에서는 우리말에 없지만 영어식 사고를 직접적으로 보여주는 수동태와 관계대명사 표현을 배워 봐요.

영어 쓰기 공부법

영어로 글을 잘 쓰는 비법은 무엇일까요? 먼저, 정확한 단어의 철자와 기본 영어 문장 구조를 익히세요. 우리말로 글을 쓸 때는 맞춤법을 지키고, 주어와 서술어를 올바르게 써야 하지요. 영어도 마찬가지입니다. 철자와 문장 구조를 정확하게 쓰는 것이 글쓰기의 기본입니다.

두 번째로, 문법을 활용해서 자신의 영어 문장을 적어보세요. 예를 들어, 'Jenny is interested in science(Jenny는 과학에 관심이 있어)'라는 문장을 배웠다면 여러분이 관심 있는 분야를 영어로 써 보는 거죠. 처음에는 한 문장을 쓰고 다음에는 두 문장, 세 문장 점차 문장을 늘려 나가세요.

마지막으로 자신이 쓴 글을 점검받아 보세요. 주위에 점검을 해 줄 사람이 없다면 '영어 문법 점검 사이트'도 도움이 되어요.

 영어 문법 점검 사이트

그래머리

랭귀지툴

헤밍웨이

Day
81

The painting was drawn by Vincent van Gogh.

그 그림은 반 고흐에 의해 그려졌다(그 그림은 반 고흐가 그렸다).

[주어 + be동사 + 과거분사 by…] : ~가 …에 의해 되었다

주어가 외부 요인에 의해 어떤 상태가 되었는지, 또는 어떤 일이 발생했는지 말할 때 사용하는 표현입니다.

Key Sentence

- **The problem was solved by** the IT department.

  그 문제는 IT부서에 의해 해결되었다(그 문제는 IT부서에서 해결했다).

- **The cake was baked by** Grandma for the party.

  파티를 위한 케이크는 할머니에 의해 구워졌다(파티를 위한 케이크는 할머니가 구웠다).

Every Conversation

A. I've heard that there is a problem in the process.

그 과정에 문제가 있다고 들었습니다.

B. Oh, it's ok. **The problem was solved by** the IT department.

아, 괜찮습니다. 그 문제는 IT 부서에서 해결했습니다.

- -

A. I've never eaten such a delicious cake before.

이렇게 맛있는 케이크는 처음 먹어 봐.

B. **The cake was baked by** Grandma for the party.

파티를 위한 케이크는 할머니가 구워준 거야.

[주어 + be동사 + 과거분사(p.p) by…]를 '수동태'라고 해요. 수동태를 만들 때는 먼저 주어와 시제를 확인하여 be동사(am,are,is, was,were)를 쓰고 그 뒤에 동사의 과거분사 형태를 이어서 씁니다. 그 일이 일어나게 만든 사람이나 사건이 있다면 by를 연결해서 쓰세요.

More expressions

The novel was written by Emily.
그 소설은 Emily에 의해 쓰였다(그 소설은 Emily가 썼다).

The machine was broken by me.
그 기계는 나에 의해 부서졌다(그 기계는 내가 부쉈다).

Let's Practice!

01 그 사진은 우리 아빠에 의해 찍혔어 (그 사진은 우리 아빠가 찍었어).   *was taken / my dad / by / the picture.*

02 이 보고서는 그에 의해 쓰였어 (이 보고서는 그가 썼어).   *was written / him / by / the report*

Word

- **painting** 그림   • **department** 부서   • **process** 과정
- **machine** 기계   • **report** 보고서

정답 1. The picture was taken by my dad. 2. The report was written by him.

The building was built in 1900.

그 건물은 1900년에 지어졌다.

[주어 + be동사 + 과거분사] : ~되었다

'주어가 ~되었다'라는 의미입니다. 외부 요인이 정확하지 않거나 모를 때, 알아도 중요하지 않거나 굳이 말하지 않아도 될 때는 by를 쓰지 않아도 돼요.

Key Sentence

- **My bike was stolen.**
  내 자전거를 도둑맞았어. *누가 훔쳤는지 모름

- **Our plan was changed.**
  우리 계획은 바뀌었어. *누가 바꿨는지 중요하지 않음

Every Conversation

A. I haven't seen your bike in days. 너의 자전거를 며칠 동안 못 봤어.

B. **My bike was stolen.**
   내 자전거를 도둑맞았어.

A. You are going to go to the beach this weekend, aren't you?
   너희들 이번 주말 해변에 가지, 그렇지 않니?

B. No, we aren't. **Our plan was changed.**
   아니야. 우리 계획은 바뀌었어.

Grammar Point

신문 기사나 보고서와 같은 영어로 된 글에서 수동태가 많이 쓰여요. 사건이나 상황, 소식처럼 스스로 행위를 할 수 없는 것이 주어가 되어 서술되기 때문이지요.

 More expressions

Pineapples are grown in Hawaii. 파인애플은 하와이에서 재배된다.

His new album was released yesterday. 그의 새 앨범이 어제 발매되었다.

Let's Practice!

01 나는 2010년에 서울에서 태어났어.   *in Seoul / I was born / in 2010*

02 창문들이 깨졌어.   *were broken / the windows*

 Word

- build 짓다, 세우다 - in days 며칠 동안 - steal 훔치다
- grow 자라다 - release 발표하다

정답 1. I was born in Seoul in 2010. 2. The windows were broken.

She was given **a prize.**

그녀는 상을 받았어.

[주어 + be동사 + 과거분사] :
···이 ~에게 주어졌다, ~에게 ···이 주어졌다

'~를 (해)주다'라는 의미가 있는 동사를 '수여 동사'라고 해요. 수여 동사는 '~에게' '~을'이라는 두 개의 목적어가 필요합니다. 수동태를 쓸 때 물건을 주어로 쓰면 '···이 ~에게 주어졌다', 사람을 주어로 쓰면 '~에게 ···이 주어졌다'라는 의미입니다.

Key Sentence

- **He was given** some money.

  그는 약간의 돈을 받았어(그에게 약간의 돈이 주어졌어).

- **Some money was given** to him.

  약간의 돈이 그에게 주어졌어.

Every Conversation

A. Did you hear about Mike's situation? Mike의 상황 들었어?

B. Yes, I did. **He was given** some money. 응. 그가 돈을 받았대.

A. Why was he given money? 왜 돈을 받은 거야?

B. Well, he was going through a tough time. **Some money was given to him by his friends.**

  그가 어려운 시기를 겪고 있대. 친구들로부터 약간의 돈이 그에게 주어졌지(친구들이 그에게 돈을 주었지).

Grammar Point

수여 동사를 활용한 수동태를 우리말로 해석하면 어색하므로 자주 나오는 표현을
우리말로 이해하는 것이 좋아요.

> **be given** 받다   **be told** 듣다   **be offered** 제안받다
> **be shown** 보다   **be asked** 질문 받다

More expressions

I was told that the meeting was postponed.
나는 그 회의가 미루어졌다고 들었어.

He was offered a job at the company after the interview.
그는 인터뷰 이후 그 회사로부터 자리를 제안받았다.

Let's Practice!

01 추가 시간이 선수들에게 주어졌다.

was given / extra time /
to the players

02 나는 그녀가 감기에 걸렸다고 들었어.

was told / she had a cold /
that / I

Word

- **prize** 상   • **go through** ~을 겪다   • **tough** 힘든   • **postpone** 미루다
- **online** 온라인의   • **extra** 추가의   • **cold** 감기

정답 1. Extra time was given to the players. 2. I was told that she had a cold.

They will be invited to this conference.

그들은 이 회의에 초대될 것이다.

[주어 + will be + 과거분사] : ~될 것이다

미래에 대한 추측이나 판단하는 상황에서 수동태 형태로 말해야 할 때 사용하는 표현입니다.

 **Key Sentence**

- **The project will be completed** by the end of the week.
  그 프로젝트는 이번 주말까지 완료될 것이다.

- **The new software will be installed** on all company computers tomorrow. 새로운 소프트웨어는 내일 모든 회사 컴퓨터에 설치될 것이다.

 Every Conversation

A. Are you still working on a project? 아직도 프로젝트를 하는 중이야?

B. Yes, **the project will be completed** by the end of the week.
   응. 그 프로젝트는 이번 주말까지 완료될 거야.

A. New software has been released. 새로운 소프트웨어가 출시되었어.

B. Yes, **it will be installed** on all company computers tomorrow.
   응. 내일 모든 회사 컴퓨터에 설치될 거야.

Grammar Point

미래의 일을 설명할 때, 시간을 나타내는 접속사가 있는 부분에서는 현재 동사가 미래의 의미를 나타냅니다. when(~할 때), before(~전에), after(~후에)를 같이 쓴다면 조금 더 주의를 기울이세요.

More expressions

When you **wake** up, breakfast will be prepared.
네가 깨어났을 때 아침은 준비되어 있을 거야.

After the game **finishes**, the trophies will be awarded to the winning team. 경기가 끝난 후 트로피는 승리한 팀에게 수여될 것이다.

Let's Practice!

01 그 연극은 Tony에 의해 연출될 거야.   *will be directed / the play / by Tony*

02 2028 올림픽은 LA에서 개최될 거야.   *will be held / The 2028 Olympics / in LA*

Word

- **invite** 초대하다 · **install** 설치하다 · **wake up** 깨다
- **prepare** 준비하다   · **end** 끝나다 · **play** 연극 · **hold** 개최하다, 열다

정답 1. The play will be directed by Tony. 2. The 2028 Olympics will be held in LA.

Day 85

We are looking for someone who can speak Chinese.

우리는 중국어를 할 수 있는 사람을 찾고 있어.

[someone who 동사] : ~한 사람

특정한 사람을 묘사할 때 사용하는 표현입니다. 여기서 who는 '누구'가 아니라 '~한 (사람)'으로 해석해요. 우리말에서 '중국어를 할 수 있는 사람'이 영어에서는 '사람 / 할 수 있는 / 중국어를'의 순서라는 점도 알아두세요.

Key Sentence

- I enjoy playing games with someone who follows the rules.

  나는 규칙을 지키는 사람과 게임하는 것을 즐겨.

- He needs someone who can help him with his assignments.

  그는 과제를 도와줄 사람이 필요하다.

Every Conversation

A. Why don't you play games with Mike? 왜 Mike와 게임을 하지 않니?

B. I enjoy playing games with **someone who follows** the rules.

난 규칙을 지키는 사람과 게임하는 것을 즐기거든.

A. He needs someone **who can help** him with his assignments.

그는 과제를 도와줄 사람이 필요해.

B. I'll help him. 내가 그를 도와줄게.

someone 외에도 the man, the girl, the people 등 사람을 나타내는 단어와 who를 함께 써서 '~한 남자, ~한 소녀, ~한 사람들'로 쓸 수 있어요. 이때 동사는 주어와 시제에 따라 구별해서 써야 해요.

More expressions

The girl (who is) playing the piano is my classmate.
피아노를 치고 있는 그 소녀는 우리 반 친구야. *who is는 생략 가능

The man who delivered the package to our house was very kind.
우리 집에 소포를 배달해 준 그 남자는 매우 친절했어.

Let's Practice!

01 나는 피아노를 잘 치는 사람을 찾고 있어.

someone / I'm looking for / who can play the piano / well

02 옆집에 살고 있는 사람들은 친근해.

who live / the people / are friendly / next door

Word

- **deliver** 배달하다 **package** 소포, 택배
- **next door** 옆집 **friendly** 친근한

정답 1. I'm looking for someone who can play the piano well.
  2. The people who live next door are friendly.

A. 이제까지 배운 대표 다섯 문장을 점검해 봐요. 15초 안에 대답하면 성공!

81	그 그림은 반 고흐(van Gogh)에 의해 그려졌다.
82	그 건물은 1900년에 지어졌다.
83	그녀는 상을 받았어.
84	그들은 이 회의에 초대될 것이다.
85	우리는 중국어를 할 수 있는 사람을 찾고 있어.

B. 이제 단어를 바꿔서 말해 볼까요? 패턴을 기억해서 말해 보세요.

81	이 보고서는 그에 의해 쓰였어.
82	내 자전거를 도둑맞았어.
83	추가 시간이 선수들에게 주어졌다.
84	2028 올림픽은 LA에서 개최될 거야.
85	옆집에 살고 있는 사람들은 친근해.

A. 정답 81. The painting was drawn by Vincent van Gogh.
82. The building was built in 1900. 83. She was given a prize.
84. They will be invited to this conference.
85. We are looking for someone who can speak Chinese.

B. 정답 81. The report was written by him. 82. My bike was stolen.
83. Extra time was given to the players. 84. The 2028 Olympics will be held in LA.
85. The people who live next door are friendly.

수동태

중학교 2학년 과정에서 배우는 수동태는 많이 헷갈리는 부분입니다. 우리말로 해석하면 어색한 부분이 많고 동사의 형태도 변하기 때문이지요.

수동태로 바꾸는 방법은 다음과 같아요.

> (능동태) 엄마가 케이크를 구웠다.
>
> **My mom   baked   the cake.**
>
> **The cake   was baked   by my mom.**
> (수동태) 그 케이크는 엄마에 의해 구워졌다.

그렇다면, 수동태는 왜 사용할까요?

먼저, 행동한 주체보다 대상이 더 중요할 경우입니다.

The problems **were identified.**
그 문제들은 확인되었다. (누가 확인했는지보다 문제가 확인된 것이 중요)

The project **was completed.**
그 프로젝트가 완료되었다. (누가 완료했는지보다 프로젝트가 완료된 것이 중요)

둘째로, 행동한 주체가 누구인지 모르거나, 굳이 말하지 않아도 상황상 누구인지 알고 있을 경우입니다.

The windows **were broken** (by someone).
창문이 깨졌어. (창문을 깨뜨린 사람을 알지 못함).

The book **was** widely **read** (by people).
그 책은 널리 읽혔다. (사람들이 그 책을 읽었다는 것을 모두 알고 있음)

The garden which is behind the house is filled with colorful flowers.

그 집의 뒤에 있는 정원은 형형색색의 꽃으로 가득 차 있다.

[명사 which 동사] : ~한 명사

[명사 which 동사]는 '~(동사)한 명사'라는 뜻이에요. 여기서 'which'는 앞의 명사가 구체적으로 어떤 것인지 연결해 주는 단어이지요. which 대신에 that을 쓸 수 있어요.

Key Sentence

- My mom drew the painting which hangs on the living room wall.
  엄마가 그 거실 벽에 걸려 있는 그림을 그렸어.

- The restaurant which serves delicious pizza is our favorite place.
  맛있는 피자를 제공하는 그 식당은 우리가 가장 좋아하는 곳이야.

Every Conversation

A. My mom drew **the painting which hangs** on the living room wall.
엄마가 그 거실 벽에 걸려 있는 그림을 그렸어.

B. It's amazing. I thought it was a photo.
놀랍구나. 나는 사진이라고 생각했어.

A. **The restaurant which serves** delicious pizza is our favorite place.
맛있는 피자를 제공하는 그 식당은 우리가 가장 좋아하는 곳이야.

B. I've heard that the chef is very famous.
그 요리사가 아주 유명하다고 들었어.

Grammar Point

사물이나 동물을 나타내는 단어와 which를 함께 써서 '~한 물건, 동물, 사물'로 쓸 수 있어요. 명사가 사람이면 who, 그 이외의 물건이나 동물은 which를 사용하는 거죠.

 More expressions

She gave me **a toy (which was) made** of used cans.
그녀는 나에게 재활용 캔으로 만든 장난감을 주었어. *which was 생략 가능

There are several restaurants **which(that) do Sunday lunches.**
일요일 점심을 하는 식당이 몇 군데 있어.

Let's Practice!

01 테이블 위에 있는 파란 책이 내 것이야.

which is on the table / the blue book / mine / is

02 그 방에서 발견된 그 상자는 보물이었다.

which was found in the room / a treasure / was / the box

 Word

- **full** 가득 찬 · **colorful** 형형색색의 · **hang** 걸다 · **wall** 벽
- **used** 중고의 · **find** 찾다 · **treasure** 보물

정답 1. The blue book which is on the table is mine.
      2. The box which was found in the room was a treasure.

She is the teacher whom I told you about.

그녀가 내가 너에게 말했던 그 선생님이야.

[명사 whom 주어 동사] : ~(주어 동사)한 사람

[명사 whom 주어 + 동사]는 '~(주어 동사)한 사람'이라는 의미입니다. [명사 who + 동사]와 의미는 같지만, 형태가 다르다는 것을 알 수 있지요. 바로 동사를 써야 하는 상황에서는 who, 주어와 동사를 써야 하는 상황에서는 whom으로 연결합니다.

Key Sentence

- I have a friend whom I have known since kindergarten.
  나는 유치원부터 알고 지낸 친구가 있어.

- The boy whom you saw at the concert is my brother.
  네가 그 콘서트에서 본 소년이 나의 남동생이야.

Every Conversation

A. I have **a friend whom I've known** since kindergarten.
나는 유치원부터 알고 지낸 친구가 있어.

B. That's amazing. You must be special to each other.
놀랍다. 서로에게 특별하겠구나.

- -

A. **The boy whom(who) you saw** at the concert is my brother.
네가 콘서트에서 본 소년이 내 남동생이야.

B. Really? You two don't look alike. 정말? 둘이 서로 안 닮았어.

Grammar Point

사람을 나타내는 단어 뒤에 [whom 주어 + 동사]가 와서 [(주어 동사)~한 사람]이라는 의미가 되는 거예요. 목적격이기 때문에 whom을 쓰지만, 일상 대화에서는 who를 많이 사용해요. whom이나 who를 사용하지 않고 [주어 + 동사]가 바로 나와도 돼요.

More expressions

She is **the woman (whom/who) I met** last Sunday.
그 여자가 내가 지난 일요일에 만난 사람이야. *목적격 관계대명사 생략 가능

The person (whom/who) you are looking for is not here now.
네가 지금 찾고 있는 사람은 여기에 없어.

Let's Practice!

01 네가 파티에서 본 소녀는 나의 친구야.

whom you saw / my friend / the girl / is / at the party

02 네가 좋아했던 선생님은 Kim 선생님이지.

whom you liked / the teacher / Ms. Kim / is

Word

· **kindergarten** 유치원 · **concert** 콘서트 · **alike** 비슷한

정답 1. The girl whom you saw at the party is my friend.
2. The teacher whom you liked is Ms. Kim.

Day 88

Is there anything that you want to tell me?

저에게 하고 싶은 말이 있나요?

[Is there anything that 주어 동사~?] : ~가 …할 게 있니?

상대방에게 의견이나 생각을 물어보거나 어떤 행동을 요구할 때 사용하는 표현이에요. [anything that 주어 + 동사] 부분이 '(주어 동사)하는 것'이라는 의미입니다.

 Key Sentence

- Is there anything that you want to discuss today?
  오늘 논의하고 싶은 것이 있나요?

- Is there anything that I should know about the project?
  그 프로젝트에 대해 제가 알아야 할 것이 있나요?

 Every Conversation

A. **Is there anything that you want** to discuss today?
오늘 논의하고 싶은 것이 있나요?

B. Nothing special. 특별한 것은 없어요.

A. **Is there anything that I should know** about the project?
그 프로젝트에 대해 제가 알아야 할 것이 있나요?

B. Yes, you should check the members of the project.
네. 그 프로젝트에 참여하는 사람들을 확인하세요.

Grammar Point

'-thing' 뒤에 [that 주어 + 동사]가 오면 '~가 ~한 것'이라는 의미가 됩니다.
'-thing' 뒤에 관계대명사가 올 때는 무조건 that만 올 수 있어요. that은 생략할 수
있어요.

More expressions

There is something (that) I have to explain.
내가 설명해야 할 것이 있어. *목적격 관계대명사 생략 가능

Is there anything (that) you want for your birthday?
생일에 원하는 것 있어?

Let's Practice!

01 내가 할 수 있는 것이 있어? *anything / is there / that I can do* ?

02 너는 하고 싶은 거 있어? *anything / to do / is there /*
that you want ?

Word

• **discuss** 논의하다 • **explain** 설명하다

정답 1. Is there anything that I can do?
2. Is there anything that you want to do?

Day 89

I met the boy whose father is an actor.

나는 아버지가 배우인 소년을 만났어.

[A whose B 동사~] : (A의) B가 동사인 A

[명사 whose 주어 동사~]는 의미를 잘 이해하고 사용해야 해요. whose는 소유격을 연결하는 단어이거든요. '~한 명사'라고 해석했던 앞의 표현과 달리 '(A의) B가 동사인 A'로 해석하면 문장을 이해하는 데 도움이 되어요. A, B에는 명사가 들어갑니다.

 **Key Sentence**

- We helped some people whose cars had broken down.
  우리는 차가 부서진 사람들을 도왔어.

- She is the artist whose paintings are displayed in the gallery.
  그녀는 자신의 그림들이 그 미술관에 전시된 화가야.

 Every Conversation

A. I heard that Jane is an artist. 난 Jane이 화가라고 들었어.

B. Yes, she is **the artist whose paintings are displayed** in the gallery.
맞아. 그녀는 갤러리에 전시된 그림의 작가야.

A. We helped **some people whose car had broken down.**
우리는 차가 부서진 사람들을 도왔어.

B. That was very kind of you. 너희들 정말 친절하구나.

Grammar Point

명사가 사람일 때 who, 사물일 때 which로 연결했던 앞의 예문들과 다르게 whose는 사람, 사물 모두 가능해요.

More expressions

The cat whose tail is short belongs to Emily.
꼬리가 짧은 고양이는 Emily의 것이다.

Do you know **the girl whose father works** at the hospital?
아버지가 병원에서 일하는 그 소녀를 아니?

Let's Practice!

01 나는 여동생이 가수인
친구가 있어.
is a singer / a friend / I have / whose sister

02 목소리가 아름다운 가수가
콘서트에서 공연할 것이다.
whose voice / the singer / will perform / is beautiful / at the concert

Word

- actor 배우　• tail 꼬리　• belong to ~의 소유이다
- perform 공연하다

정답 1. I have a friend whose sister is a singer.
2. The singer whose voice is beautiful will perform at the concert.

What I want for dinner tonight **is pizza.**

내가 오늘 저녁으로 원하는 것은 피자야.

[What 주어 동사] : (주어)가 (동사)하는 것

이제까지 배운 who, which, whose는 바로 앞에 나오는 명사의 의미를 설명하는 데 필요한 단어였지요. 하지만 what 앞에는 명사가 없어요. 바로 '주어 + 동사'로 연결하여 '~하는 것'으로 해석하면 됩니다.

 **Key Sentence**

- **What I really want for my birthday** is the latest smartphone.
  내가 생일 때 정말 원하는 것은 최신 스마트폰이야.

- **What he is planning** is a surprise birthday party.
  그가 계획하고 있는 것은 깜짝 생일 파티야.

 Every Conversation

A. What do you want to get for your birthday?
  넌 생일 때 뭘 받고 싶어?

B. **What I really want for my birthday** is the latest smartphone.
  내가 생일 때 정말 원하는 것은 최신 스마트폰이야.

A. What is Mike doing? He is in his room all day long.
  Mike는 뭐하는 중이니? 하루 종일 자기 방에 있어.

B. **What he is planning** is a surprise birthday party.
  그가 계획하고 있는 것은 깜짝 생일 파티야.

Grammar Point

[What 주어 동사]가 주어 자리에 오면 '~하는 것은', 목적어 자리에 오면 '~하는 것을', 보어 자리에 오면 '~하는 것이다'로 해석하면 됩니다.

More expressions

What he said is true.   그가 말한 것은 사실이다. *주어 : ~하는 것은

She gave me **what I wanted** to have.
그녀는 나에게 내가 가지길 원하는 것을 주었다. *목적어 : ~하는 것을

That is **what I mean.**   그것이 내가 의미하는 것이다. *보어 : ~하는 것이다

Let's Practice!

01 내가 지금 필요한 것은 너의 지원이야.   *your support / is / what I need / now*

02 나는 네가 나에게 말한 것을 항상 기억할게.   *what you told me / I will / remember / always*

Word

- **surprise** 놀라운 일   • **mean** 의미하다
- **support** 지원   • **remember** 기억하다

정답 1. What I need now is your support.
　　 2. I will always remember what you told me.

Review!

A. 이제까지 배운 대표 다섯 문장을 점검해 봐요. 15초 안에 대답하면 성공!

86	그 집의 뒤에 있는 정원은 형형색색의 꽃으로 가득 차 있다.
87	그녀가 내가 너에게 말했던 그 선생님이야.
88	저에게 하고 싶은 말이 있나요?
89	나는 아버지가 배우인 소년을 만났어.
90	내가 오늘 저녁으로 원하는 것은 피자야.

B. 이제 단어를 바꿔서 말해 볼까요? 패턴을 기억해서 말해 보세요.

86	테이블 위에 있는 파란 책이 내 것이야.
87	네가 그 콘서트에서 본 소년이 나의 남동생이야.
88	너는 하고 싶은 거 있어?
89	나는 여동생이 가수인 친구가 있어.
90	나는 네가 나에게 말한 것을 항상 기억할게.

A. 정답 86. The garden (which is) behind the house is filled with colorful flowers.
87. She is the teacher (whom) I told you about. 88. Is there anything (that) you want to tell me?
89. I met the boy whose father is an actor. 90. What I want for dinner tonight is pizza.

B. 정답 86. The blue book (which is) on the table is mine.
87. The boy (whom) you saw at the concert is my brother.
88. Is there anything (that) you want to do? 89. I have a friend whose sister is a singer.
90. I will always remember what you told me.

관계대명사

관계대명사는 중학교 2학년 이후부터 꾸준히 나오는 중요한 개념입니다. 관계대명사를 활용하면 훨씬 더 유창하게 표현할 수 있어요.

> **우리말** : 나는 / 피아노를 잘 치는 / 사람이 / 좋아.
> **영어** : I like a person who plays the piano well.
> (나는 / 좋아 / 사람이 / 피아노를 잘 치는)

- 옆집에 사는 소녀 the girl **who** lives next door (소녀 / 옆집에 사는)
- 가구 만드는 회사 a company **which** makes furniture (회사 / 가구 만드는)
- 내가 만나고 싶은 그 여자
  the woman **whom** I wanted to see (그 여자 / 내가 만나고 싶은)
- 내가 잃어버린 열쇠들 the keys **which** I lost (열쇠들 / 내가 잃어버린)
- 내가 좋아하는 책의 작가
  the writer **whose** books I like (작가 / ~의 책 / 내가 좋아하는)

who, which 뒤에 동사가 오면 '주격 관계대명사', '주어 + 동사'가 오면 '목적격 관계대명사'라고 해요. 소유격은 '~의 명사'이니 바로 명사가 오지요.

명사(선행사)	주격	목적격	소유격
사람	who	whom / who	whose
사물	which	which	whose
모두 가능	that	that	–

*회화에서는 '주격 관계대명사 + be동사', '목적격 관계대명사'는 생략하는 경향이 있어요.

Day 91

Let me know how to use it.

그것을 사용하는 방법을 알려 줘.

[Let me know~] : ~을 내게 알려 줘

상대방에게 알려 달라고 요청할 때, 요청하는 내용은 단어부터 구, 절까지 다양한 형태로 말할 수 있어요.

Key Sentence

- **Let me know** your opinion on the matter.

  그 문제에 대한 너의 의견을 알려 줘.

- **Let me know** how to get there. 거기에 어떻게 가는지 알려 줘.

Every Conversation

A. **Let me know** your opinion on the matter.

그 문제에 대한 너의 의견을 알려 줘.

B. Sure, I'll share my thoughts with you. 그럼. 내 생각을 너와 공유할게.

A. **Let me know** how to get there. 거기에 어떻게 가는지 알려 줘.

B. You should take the subway. 지하철을 타는 것이 좋아.

Grammar Point

[의문사 + to 동사원형] 형태로 '~할지'를 만들 수 있어요.

> **where to 동사원형 :** 어디에서 ~할지
> **when to 동사원형 :** 언제 ~할지
> **what to 동사원형 :** 무엇을 ~할지
> **who to 동사원형 :** 누구를 ~할지
> **which to 동사원형 :** 어떤 것을 ~할지
> **how to 동사원형 :** 어떻게 ~할지, ~하는 법

More expressions

Let me know **where to find** the book. 어디서 그 책을 찾을 수 있는지 알려 줘.

Let me know **when to start** the meeting. 언제 회의를 시작하는지 알려 줘.

Let's Practice!

01 주말을 위한 너의 계획을 알려 줘.   *your plans / let me know / for the weekend*

02 그 파티를 위해 무엇을 해야 하는지 알려줘.   *what to do / let me know / for the party*

Word

• **opinion** 의견 • **matter** 문제

정답 1. Let me know your plans for the weekend.
2. Let me know what to do for the party.

I don't know how far it is.

나는 그곳이 얼마나 먼지 몰라.

[I don't know 의문사 + 주어 + 동사] : (의문사 + 주어 + 동사)인지 모르겠다

모르는 사실이나 대상, 상황을 말할 때 [I don't know]라고 간단히 말할 수 있지만, 어떤 점을 모르는지 명확하게 표현해야 할 때가 있어요. 시간, 이유, 장소, 사람, 방법을 나타내는 의문사를 활용하여 모르는 것을 정확하게 표현해 보세요.

Key Sentence

- I don't know when he came. 나는 그가 언제 왔는지 몰라.
- I don't know why she is upset. 나는 그녀가 왜 화가 났는지 몰라.

Every Conversation

A. Oh, Tony is there. When did he come?
Tony가 저기 있네. 언제 왔지?

B. I don't know when he came. 나는 그가 언제 왔는지 몰라.

A. Jenny is angry. What happened to her?
Jenny가 화가 났어. 무슨 일이지?

B. I don't know why she is upset. 나는 그녀가 왜 화가 났는지 몰라.

Grammar Point

[의문사 + 주어 + 동사] 표현으로 상대방에게 정중하고 부드럽게 정보를 요청할 수 있어요. 직접적으로 물어보지 않고 돌려서 물어보는 느낌을 주거든요. 정중하게 요청하고 싶을 때는 의문사를 이용해 보세요. 다만 어순은 주어 다음에 동사가 와야 해요.

More expressions

Can you tell me **who signed** here? 누가 여기에 서명했는지 말해 줄래?

Do you remember **how much the bag is?** 그 가방 가격이 얼마인지 기억나?

Let's Practice!

01 나는 그가 어젯밤 어디에 있었는지 몰라.
where he was / I don't know / last night

02 나는 누가 그것을 나에게 주었는지 몰라.
who gave / to me / it / I don't know

Word

• upset 화난 • sign 서명하다

정답 1. I don't know where he was last night. 2. I don't know who gave it to me.

Day 93

Why don't you join the art club?

미술 동아리에 들어가는 게 어때?

[Why don't you 동사원형?] : ~하는 게 어때?

'왜 ~하지 않니?'라고 상대방에게 어떤 일을 하지 않는 이유를 물어보는 형태처럼 보이지만 스스로 선택하게 하는 느낌을 주는 표현입니다. 말하는 사람이 원하는 방향을 가지고 부드럽게 제안하거나 권유, 충고할 때 사용하지요.

Key Sentence

- **Why don't you try** it on? 그거 한번 입어 보는 게 어때?
- **Why don't you take** a break? 휴식을 취하는 게 어때?

Every Conversation

A. I love that dress. 저 원피스 예쁘다.

B. **Why don't you go** into the store and **try** it on?

가게에 들어가서 입어 보는 게 어때?

A. You look tired. **Why don't you take** a rest?

너 피곤해 보여. 좀 쉬는 게 어때?

B. Yes, I need some sleep. 그래. 나 잠이 필요해.

Grammar Point

친한 사이에서 제안할 때 쓰는 표현으로 [How about 명사?]와 [What about 명사?]가 있어요. 비슷해 보이지만 약간의 차이가 있습니다. 새로운 아이디어나 계획에 대해 상대방에게 의견을 물어볼 때는 [How about 명사?], 이미 논의된 사항에 대한 추가적인 의문이나 관심을 표현할 때는 [What about 명사?]를 써요.

More expressions

How about we go to the movies tonight?
오늘 밤에 영화 보러 가는 것은 어때? *we go to 대신 going to 사용 가능

What about going to a concert instead?
대신 콘서트에 가는 것은 어때?

Let's Practice!

01 밖에 나가서 신선한 공기를 쒸는 게 어때?

go outside / get some fresh air / and / why don't you   ?

02 공원에서 자전거 타는 건 어때?

ride a bike / why don't you / in the park   ?

Word

- **try on** ~을 입어 보다, ~을 해 보다   • **recipe** 요리법   • **fresh** 신선한
- **air** 공기   • **instead** 대신에

정답 1. Why don't you go outside and get some fresh air?
　　　 2. Why don't you ride a bike in the park?

Day 94

What kind of books do you **enjoy reading?**

어떤 종류의 책을 읽기 좋아하니?

[what kind of 명사 + do you~?] : 어떤 종류의 (명사)를 ~하니?

[What kind of 명사]의 형태를 의문문 앞에 붙여서 '어떤 종류의 ~을(를) ~하니?' 로 물어볼 수 있어요. 어떤 것의 성질이나 특성을 물어볼 때 사용합니다.

- What kind of music do you enjoy listening to?
  어떤 종류의 음악을 즐겨 듣니?

- What kind of activities do you like to do in your free time?
  자유 시간에 어떤 활동을 하는 것을 좋아하니?

 Every Conversation

A. **What kind of music do you** enjoy listening to?
어떤 종류의 음악을 즐겨 듣니?

B. I'm a big fan of hip-hop.   나는 힙합을 정말 좋아해.

A. **What kind of activities do you** like to do in your free time?
자유 시간에 어떤 활동을 하는 것을 좋아하니?

B. I enjoy outdoor activities like hiking and biking.
나는 하이킹이나 자전거 타기 같은 바깥 활동을 즐겨.

Grammar Point

선택 사항을 줬을 때 하나를 고르게 하려면 [which + 명사]의 형태로 물어보세요.
[what kind of 명사]는 '어떤 명사의 종류', [which + 명사]는 '제한된 선택'을 말해요.

More expressions

What kind of food do you like to eat for breakfast?
아침으로 어떤 종류의 음식을 먹고 싶니?

Which food do you like to have for breakfast?
(준비된 음식 중) 아침으로 어떤 음식을 먹을래?

Let's Practice!

01 너는 어떤 장르(종류)의 영화를
좋아하니?

*do you like / movies /
what kind of   ?*

02 너희 반에서는 어떤 종류의
스포츠가 인기 있어?

*in your class / what kind of /
are popular / sports   ?*

Word

• **kind** 종류 • **activity** 활동 • **like** ~같은 • **outdoor** 외부의

정답 1. What kind of movies do you like?
    2. What kind of sports are popular in your class?

How often do you spend time with your family?

너는 가족들과 얼마나 자주 시간을 보내니?

[How often do you~?] : 너는 얼마나 자주 ~하니?

어떤 일을 일정 기간 얼마나 자주 반복하는지 물어보는 표현이에요. you 대신 3인칭을 쓸 때는 do 대신 does를 쓰세요. 대답은 그 행동을 반복하는 횟수로 답하면 돼요.

Key Sentence

- **How often do you** exercise? 너는 얼마나 자주 운동하니?
- **How often does she** practice playing the piano?
  그녀는 얼마나 자주 피아노를 연습하니?

Every Conversation

A. How often do you exercise? 너는 얼마나 자주 운동하니?

B. I try to work out at the gym three times a week.

나는 헬스장에서 일주일에 세 번 운동하려고 노력해.

- -

A. How often does she practice playing the piano?

그녀는 얼마나 자주 피아노를 연습하니?

B. She practices the piano for about an hour every day.

그녀는 매일 1시간 정도 피아노 연습을 해.

Grammar Point

횟수를 물어보는 또 다른 표현으로 [How many times~?]가 있어요. [How often~?]
은 일정 기간의 빈도를 물어보지만, 정확한 횟수를 알고 싶을 때는 [How many
times ~?]를 사용해요.

More expressions

How many times did you call her yesterday?
어제 그녀에게 몇 번 전화한거야?

How many times have you visited that museum?
저 박물관에 몇 번 가 봤어?

Let's Practice!

01 너는 외식을 얼마나 자주 하니?　　*how often / eat out / do you*　?

02 너는 제주도 몇 번 여행 가 봤어?　　*have you traveled /*
　　　　　　　　　　　　　　　　　　how many times / to Jeju　?

Word

• **often** 종종, 자주 • **work out** 운동하다 • **eat out** 외식하다

정답　1. How often do you eat out?
　　　2. How many times have you traveled to Jeju?

Review!

A. 이제까지 배운 대표 다섯 문장을 점검해 봐요. 15초 안에 대답하면 성공!

91	그것을 사용하는 방법을 알려 줘.
92	나는 그곳이 얼마나 먼지 몰라.
93	미술 동아리에 들어가는 게 어때?
94	어떤 종류의 책을 읽기 좋아하니?
95	너는 가족들과 얼마나 자주 시간을 보내니?

B. 이제 단어를 바꿔서 말해 볼까요? 패턴을 기억해서 말해 보세요.

91	언제 회의를 시작하는지 알려 줘.
92	그 가방 가격이 얼마인지 기억나?
93	그거 한번 입어 보는 게 어때?
94	너는 어떤 장르의 영화를 좋아하니?
95	너는 외식을 얼마나 자주 하니?

A. 정답 91. Let me know how to use it. 92. I don't know how far it is.
93. Why don't you join the art club? 94. What kind of books do you enjoy reading?
95. How often do you spend time with your family?

B. 정답 91. Let me know when to start the meeting.
92. Do you remember how much the bag is? 93. Why don't you try it on?
94. What kind of movies do you like? 95. How often do you eat out?

영어식 사고

문법도 잘 알고, 단어도 많이 알고 있어야 하겠지만 무엇보다 영어답게 말을 하고 글을 쓰기 위해서 꼭 필요한 세 가지, 알아두세요.

1. 영어로 말하거나 글을 쓸 때 전체보다는 개인, 큰 것보다는 작은 것이 먼저 옵니다.

> 김수린(성 이름) : *Surin(first name) Kim(last name / family name)*
> 대한민국 서울시 중구 XX로 13 : *13 XXro Junggu Seoul, Republic of Korea*

2. 영어에서는 숫자와 소유를 나타내는 단어를 명사 앞에 반드시 적어야 해요.

> I am looking for **a** job. 나는 일을 구하고 있어.
> (구하는 일이 하나인 것을 알고 있으나 '하나(a)'를 일 앞에 표시함)
> What is **your** plan for summer vacation? 여름휴가 계획은 무엇이니?
> (상대방의 계획인 것을 알고 있지만 명확하게 '너의' 계획이라고 물어봄)

3. 이미 알거나 친숙한 정보가 먼저 나오고, 새롭거나 복잡한 정보는 뒤에 나와요.

> Jenny bought **me some flowers.** Jenny는 나에게 꽃을 사 주었어.
> (Jenny가 나에게 무언가 사 준 것을 알고 있는 상황에서 그것이 '꽃'이라는 것을 알려 줌)
> Jenny bought **some flowers for me.** Jenny는 꽃을 나를 위해 사 주었어.
> (Jenny가 꽃을 사 주었는데 상대가 바로 '나'라는 것을 알려 줌)

Day
96

How come you are late again?

너는 왜 또 늦었니?

[How come 주어 동사~?] : 어쩌다 ~이니?

이유를 묻는 표현으로 친한 사이에서 많이 사용해요. why와 같은 의미이지만 단순히 이유를 묻기보다는 놀람이나 의아함, 어떤 상황에 대해 궁금한 의미가 포함되어 있어요. '어쩌다가 ~이니?'라는 감정이 포함되어 있기도 해요.

Key Sentence

- **How come you didn't call** me back? 왜 다시 연락 안 했어?
- **How come the prices have increased** so much?
  왜 이렇게 가격이 많이 올랐지?

Every Conversation

A. How come you didn't call me back? 왜 다시 연락 안 했어?

B. Oh, I'm sorry. I didn't realize I had a call from you.
오, 미안해. 전화가 온 걸 몰랐어.

- -

A. How come the prices have increased so much?
왜 이렇게 가격이 많이 올랐지?

B. Sometimes, the prices of things go up a little bit every year.
가끔 가격이 매년 조금씩 올라.

Grammar Point

이유를 묻는 또 다른 표현으로 [What makes you 동사~?]가 있어요. what을 3인칭 단수 형태로 보기 때문에 makes가 사용됩니다. 지나간 일의 이유를 물어볼 때는 makes가 아닌 made를 사용한다는 점도 알아두세요.

More expressions

What makes you think you can do everything by yourself?
왜 너 혼자서 모든 것을 할 수 있다고 생각하는 거니?

What made you interested in this project?
이 프로젝트에 관심을 갖게 된 계기는 무엇인가요?

Let's Practice!

01 왜 숙제를 제시간에 마치지 않았니?   *your homework / you didn't finish / on time / how come ?*

02 왜 그 가게는 평일에 문을 닫았지?   *the store is closed / on a weekday / how come ?*

Word

- **realize** 깨닫다 • **price** 가격 • **increase** 증가하다, 오르다
- **by oneself** 혼자서

정답   1. How come you didn't finish your homework on time?
      2. How come the store is closed on a weekday?

I wonder if we need to bring anything.

우리가 무엇을 가져와야 할지 궁금해.

[I wonder if 주어 동사] : ~인지 궁금해

일반적으로는 상대방에게 궁금한 것을 '~하니?'라고 의문문 형식으로 물어보죠. 하지만 '~인지 궁금해'라고 표현할 수 있어요. 이럴 때 [I wonder if 주어 동사] 표현으로 말할 수 있어요.

 Key Sentence

- I wonder if it's going to rain tomorrow. 내일 비가 올지 궁금해.
- I wonder if he'll like the birthday gift I gave him.

  그가 내가 준 선물을 마음에 들어 할지 궁금해.

 Every Conversation

A. I wonder if it's going to rain tomorrow. 내일 비가 올지 궁금해.

B. Well, let me check the weather forecast for you.

글쎄. 내가 일기예보를 확인해 볼게.

A. I wonder if he'll like the birthday gift I gave him.

그가 내가 준 선물을 마음에 들어 할지 궁금해.

B. I'm sure he'll appreciate it.   그가 감사할 거라고 확신해.

Grammar Point

여기서 if는 문장을 연결하는 접속사로 '~인지 아닌지'라는 의미가 있어요. [I don't know if 주어 동사]는 '주어가 동사인지 아닌지 몰라', [I'm not sure if 주어 동사]는 '주어가 동사인지 아닌지 확신하지 않아'로 확실하지 않은 상황을 말할 때 쓸 수 있지요.

More expressions

I don't know if she likes chocolate.

그녀가 초콜릿을 좋아하는지 아닌지 모르겠어.

I'm not sure if he will come to the party.

그가 파티에 올지 안 올지 확실하지 않아.

Let's Practice!

01 나는 그 가게가 일요일에 여는지 궁금해.

the store is open / I wonder if / on Sundays.

02 나는 Jenny가 그 소포를 받았는지 아닌지 모르겠어.

Jenny received / I don't know if / the package.

Word

- **bring** 가져오다 • **forecast** 예보, 예보하다, 예상하다
- **appreciate** 고마워하다 • **receive** 받다

정답 1. I wonder if the store is open on Sundays.
2. I don't know if Jenny received the package.

Is it okay if I borrow your pen for a moment?

제가 당신의 펜을 잠시 빌려도 될까요?

[Is it okay if I 동사~?] : 제가 ~를 해도 될까요?

상대방에게 정중하게 허락을 요청하거나 부탁하는 상황에서 사용해요. '제가 ~를 해도 될까요?'라는 뜻으로 예의 바른 표현이지요.

Key Sentence

- **Is it okay if I leave** work a bit early today?

  제가 오늘 조금 일찍 퇴근해도 될까요?

- **Is it okay if I park** my car in front of your house for a few hours?

  제가 당신의 집 앞에 몇 시간 주차해도 될까요?

Every Conversation

A. **Is it okay if I leave** work a bit early today?

제가 오늘 조금 일찍 퇴근해도 될까요?

B. No problem. 그럼요.

A. **Is it okay if I park** my car in front of your house for a few hours?

제가 당신의 집 앞에 몇 시간 주차해도 될까요?

B. Sure, why not? 그럼요. 당연하지요.

[Do you mind if I 주어 동사?], [I wonder if I could 주어 동사] 역시 정중하게 부탁할 수 있는 표현이에요. 여기서 if는 '만약 ~한다면'으로 쓰였어요.

 More expressions

Do you mind if I ask you a personal question?
제가 개인적인 질문을 해도 될까요?

I wonder if I could have your permission to use your artwork in my presentation. 제가 제 발표에 당신의 작품을 사용해도 되는지 궁금합니다.

Let's Practice!

01 제가 창문을 열어도 될까요?   *if I open / is it okay / the windows*   ?

02 제가 그 파티에 친구를 데리고 가도 될까요?   *if I bring / to the party / a friend / is it okay*   ?

Word

- **wonder** 궁금하다 ・ **personal** 개인적인 ・ **permission** 허가
- **presentation** 발표

정답 1. Is it okay if I open the windows?
      2. Is it okay if I bring a friend to the party?

If it rains tomorrow, I won't go **out.**

내일 비가 오면, 나는 나가지 않을 거야.

[If + 주어 + 현재 동사, 주어 + 조동사 + 동사] : 만약 ~하면(조건), ~할 것이다(결과)

현재 또는 미래 상황의 조건이 있을 때 어떤 일이 일어날 가능성을 표현할 때 사용합니다. 현재 상황을 가정한다고 해서 가정법이라는 용어를 써요. 의미는 '만약 ~하면, ~할 것이다'예요.

 Key Sentence

- If she studies hard, she will pass the exam.
  그녀가 열심히 공부하면(조건), 시험에 통과할 거야(결과).

- If you finish your homework early, you can join us for the movie. 네가 숙제를 일찍 마치면(조건), 우리와 영화 보러 갈 수 있어(결과).

 Every Conversation

A. Annie worries about the upcoming test.
Annie는 다가오는 시험을 걱정해.

B. If she studies hard, she will pass the exam.
그녀가 열심히 공부하면, 시험에 통과할 거야.

....

A. If you finish your homework early, you can join us for the movie.
네가 숙제를 일찍 마치면, 우리와 영화 보러 갈 수 있어.

B. Ok. I'll finish it as soon as possible. 좋아. 가능한 한 빨리 마칠게.

Grammar Point

조건이 있지만 너무도 당연한 사실이거나 발생할 가능성이 높은 결과를 이야기할 때는 [If + 주어 + 현재 동사, 주어 + 현재 동사]를 사용해요.

 More expressions

If you **heat** water, it **boils.** 물을 데우면 끓는다.

If you **press** this button, the machine **works.**
이 버튼을 누르면 기계가 작동해.

Let's Practice!

01 만약에 눈이 오면, 우리는 집에 있을 거야.

we will stay / if it snows, / at home

02 지금 출발하지 않으면, 너는 버스를 놓칠 거야.

you will miss the bus /
if you don't leave / now,

 Word

• **pass** 통과하다 • **forgive** 용서하다 • **apologize** 사과하다

정답 1. If it snows, we will stay at home.
2. If you don't leave now, you will miss the bus.

If I were you,
I wouldn't go **there.**

내가 너라면, 거기 가지 않을 거야.

[If + 주어 + 과거 동사, 주어 + 조동사의 과거형 + 동사 원형] : 만약 ~라면(상상, 가정) ~할 것이다(의지, 바람)

말하는 사람의 상상 또는 일어날 수 없는 일을 가정할 때 사용합니다. 현재 상황에서 과거로 돌아가는 것은 상상 속에서만 가능하지요? 이처럼 조건을 나타내는 부분에 과거 동사를 쓰면 말하는 사람이 현재가 아닌 상황을 상상할 때 사용한다고 생각해 보세요.

Key Sentence

- If I were you, I wouldn't lend him money again.
  내가 너라면(가정), 그에게 다시는 돈을 빌려주지 않을 거야(의지).

- If I had a car, I could pick you up.
  내가 차가 있으면(상상), 널 데리러 갈 수 있지(바람).

Every Conversation

A. Tony asked me if he could borrow some money.
Tony가 돈을 빌릴 수 있는지 물어봤어.

B. If I were you, I wouldn't lend him money again.
내가 너라면, 그에게 다시는 돈을 빌려주지 않을 거야.

A. Can you pick me up after work? 퇴근 후에 나 데리러 올 수 있어?

B. Sorry, If I had a car, I could pick you up.
미안해. 내가 차가 있으면, 널 데리러 갈 수 있을 텐데.

Grammar Point

[If + 주어 + 과거동사, 주어 + 조동사의 과거형 + 동사원형]에서 동사와 조동사는 형태가 과거형일 뿐 실제로는 현재 상황을 상상(가정)하여 의지나 바람을 나타내는 표현입니다. If 부분에서 be동사를 사용할 때는 주어와 관계없이 'were'를 사용한다는 점을 기억하세요.

 More expressions

If I were a boy, things might be different.
내가 남자라면(가정), 모든 것이 달라질지 몰라(바람). [실제는 남자가 아닌 상황]

If I had a million dollars, I would probably buy a house.
내가 백만 달러가 있다면(가정), 아마 집을 사겠지(바람). [실제 백만 달러를 가지고 있지 않음]

Let's Practice!

01 내가 너라면, 너무 늦기 전에 사과할 거야.
I would apologize / If I were you, / before it's too late.

02 내가 돈이 많으면, 그 차를 살 수 있을 텐데.
I could buy / If I had / the car / a lot of money,

 **Word**

• **lend** 빌려주다 • **borrow** 빌리다

정답 1. If I were you, I would apologize before it's too late.
2. If I had a lot of money, I could buy the car.

Review!

A. 이제까지 배운 대표 다섯 문장을 점검해 봐요. 15초 안에 대답하면 성공!

96	너는 왜 또 늦었니?
97	우리가 무엇을 가져와야 할지 궁금해.
98	제가 당신의 펜을 잠시 빌려도 될까요?
99	내일 비가 오면, 나는 나가지 않을 거야.
100	내가 너라면, 거기 가지 않을 거야.

B. 이제 단어를 바꿔서 말해 볼까요? 패턴을 기억해서 말해 보세요.

96	왜 숙제를 제시간에 마치지 않았니?
97	나는 그 가게가 일요일에 여는지 궁금해.
98	제가 창문을 열어도 될까요?
99	지금 출발하지 않으면, 너는 버스를 놓칠 거야.
100	내가 너라면, 너무 늦기 전에 사과할 거야.

A. 정답 96. How come you are late again? 97. I wonder if we need to bring anything.
98. Is it okay if I borrow your pen for a moment? 99. If it rains tomorrow, I won't go out.
100. If I were you, I wouldn't go there.

B. 정답 96. How come you didn't finish your homework on time?
97. I wonder if the store is open on Sundays. 98. Is it okay if I open the windows?
99. If you don't leave now, you will miss the bus.
100. If I were you, I would apologize before it's too late.